INFOcomics

LITERATUR THEORIE

OWEN HOLLAND & PIERO

Impressum

www.infocomics.de

Titel: Literaturtheorie. Ein Sachcomic
Reihe: INFOcomics (hrsg. von Wilfried Stascheit)
Autor: Owen Holland
Illustrationen: Piero
Umschlag: Edward Bettison

Titel der englischen **Originalausgabe:**
Literary Criticism. A Graphic Guide

Text: Owen Holland
Illustrationen: Piero

TibiaPress Verlag GmbH
Ruhrpromenade 3, D- 45468 Mülheim an der Ruhr
Tel.: +49 (0)208 88 37 57 47
info@tibiapress.de www.tibiapress.de

Übersetzung: Wilfried Stascheit
Layout: Die Werkstatt Medien-Produktion GmbH, Göttingen
Druck: Druckerei Uwe Nolte, Iserlohn
Gedruckt auf GardaPat Classica

ISBN: 978-3-935254-49-6

Hier finden Sie unseren neuesten Katalog:

www.tibiapress.de/katalog

Besucht uns auf Facebook:

www.facebook.com/infocomics

Was ist Literaturtheorie?

Dies ist eine (kurze) Einführung in die Literaturtheorie. Es ist ein Buch über Literaturtheorie und deswegen zwangsläufig nicht selbst Literaturtheorie. Es ist eine Binsenweisheit zu sagen, das Objekt der Untersuchung von Literaturwissenschaftlern sei Literatur. Ein Buch über Literaturtheorie ist also nur indirekt ein Buch über Literatur. Aus diesem Grund muss auch die heikle Frage, was „Literatur" ist, zunächst beiseitegelassen werden. Aber es geht natürlich um Romane, Gedichte und Theaterstücke und vieles andere mehr.

Ein Literaturwissenschaftler oder ein Philosoph könnte die Frage auch so formulieren: Was ist Literatur?

Sartre, an den Ufern der Seine.

Der französische Philosoph, Literat und Kommunist **Jean-Paul Sartre** (1905-1980) stellte sich genau diese Fragen im Jahr 1947.

Wir fragen ein wenig anders: „Was ist literarische Wissenschaft?" Zu Beginn könnten wir ziemlich allgemein antworten, dass sie aus allem Geschriebenen besteht, das den Anspruch erhebt, Urteile über den Wert von Literatur im Allgemeinen oder über spezielle Werke zu fällen. Ein geeigneter Weg zu solchen Beurteilungen führt über Interpretationen (z. B. „Close Reading"), Vergleiche und mit weiteren Informationen angereicherte Analysen. Eine Beurteilung gründet weiterhin auf Aussagen über den inneren Wert von Literatur, die ästhetischen* Verdienste und formelle Qualitäten von bestimmten Arbeiten oder bezieht sich auch auf ihren kulturellen und historischen Stellenwert.

Mit diesen Fragen werden wir uns etwas später beschäftigen.

* Mit Sternchen versehene Begriffe werden im Glossar ab S. 170 erklärt.

Zeitlos?

Ben Jonson (1572-1637) ist wohl am ehesten als Dramatiker und Zeitgenosse von **William Shakespeare** (1564-1616) bekannt. Wenn Jonson über diesen Shakespeare sagte …

… behauptete er, der Wert von Shakespeares Opus sei ein universeller und überzeitlicher.

Bislang hat sich Jonsons Behauptung als richtig erwiesen: Shakespeares Stücke werden immer noch auf der ganzen Welt aufgeführt. **Jonathan Bate** (geb.1958) widersprach in seinem Buch *The Genius of Shakespeare* (TB 2016) mit der These, dass die weltweite Bekanntheit von Shakespeare genauso gut mit der Ausbreitung des britischen Imperiums über große Teile der Erdkugel nach seinem Tod zu tun haben könnte.

Also, ist Shakespeares „Genie" eine speziell ihm angeborene Eigenschaft oder ein Ding zufälliger, historischer Fügung?

Ästhetik versus Moral

Wie aus solchen Fragestellungen vielleicht deutlich wird, ist das Objekt literarischer Studien keine ganz unkomplizierte Angelegenheit. Für die Beurteilung mancher literarischer Werte sollten vielleicht solche augenscheinlich etwas ordinären Aspekte wie Imperialismus und nationale Geschichte nicht hinzugezogen werden.

Bei dieser Herangehensweise werden dann Fragen nach Ästhetik und Moral äußerst scharf voneinander getrennt.

Aber kann man das geschriebene Wort eines Gedichtes oder eines Romans wirklich absolut abtrennen von der historischen und kulturellen Rezeption des Textes; oder seiner Publikations- und Übersetzungsgeschichte; oder etwa von der Neigung eines Autors, propagandistische Radiosendungen für Benito Mussolini zu produzieren, wie es im 20. Jahrhundert der Dichter **Ezra Pound** (1885-1972) getan hat?

Es kann also für einen Literaturwissenschaftler ein Problem sein, immer wieder Gegenstand und Studiengebiet definieren zu müssen. Die Spurensuche nach der Bedeutung von Bezügen auf Shakespeare in den Romanen von Thomas Hardy (1840-1928) hat wissenschaftlich den gleichen Rang wie das Studium von metrischen Mustern in Alfred Tennysons (1809-1892) Gedichten, aber beide wirken wiederum befremdlich deplatziert neben der kritischen Relektüre von Theodor Adornos (1903-1969) „Ästhetischer Theorie" oder einem Essay* zur zeitgenössischen Avantgarde-Dichtung.

Das ist etwa die Bandbreite, in der die akademische Disziplin heute in den Universitäten gelehrt und gelernt wird.

Wenn du mit dem Gedanken spielst, Literaturwissenschaftler zu werden, ist es sicher kein Fehler, dich umfassend in die Geschichte der Literaturtheorie einzulesen. Dieses Buch ist zuallererst eine Einführung in die Arbeit einiger der Hauptprotagonisten dieser Disziplin. Literaturtheorie hat eine lange Geschichte.

Dieses Büchlein hat natürlich seine Grenzen. Es konzentriert sich daher schwerpunktmäßig auf die Darstellung der Literaturtheorie am Beispiel ihrer Entwicklung an angelsächsischen Universitäten. Das impliziert natürlich Auslassungen. So ist an dieser Stelle kein Platz für Figuren wie **Abdallah ibn Al-Mu'tazz** (861-908) oder **Lu Xun** (1881-1936), obwohl beide Schriftsteller hoch angesehene Theoretiker in ihren jeweiligen Kulturen waren.

Edward Said.
Ein postkolonialer Theoretiker, dem wir auf S.156 wiederbegegnen werden.

Nachahmendes Lernen

Literaturwissenschaft ist eine Disziplin, die man vielleicht am besten durch Nachahmung lernt. Der deutsche Philosoph **Walter Benjamin** (1892-1940) reflektierte über die Geschichte der Idee der *Mimesis** (ein Begriff, den wir in Kürze in der aristotelischen *Poetik* wiedertreffen werden):

Wandelbare Wissenschaftler

Die beste Methode, ein guter Literaturwissenschaftler zu werden, ist, sich breit in die Arbeiten anderer Literaturwissenschaftler einzulesen, aber dabei immer deren Forschungsgegenstand im Auge zu behalten.

Schauen wir uns die Etymologie des Wortes Chamäleon an: Griechisch chamaileon von chamai=auf dem Boden und leon=Löwe. Das kann nur bedeuten, dass zu unserem Einfühlungsvermögen auch immer Bescheidenheit gehört.

Einige werden jetzt sicher dem Universalismus misstrauen, den dieser Standpunkt impliziert. Sie sehen hier eher verborgene spezifische Interessen (Klasse, Ethnie, Geschlecht), die die Literaturtheorie (bewusst oder unbewusst) in einem Text zum Vorschein bringt. Wir werden diese Fragen auf den folgenden Seiten näher untersuchen.

Geschichte der Literaturtheorie – kurz und knapp

Platons (428-348 v.Chr.) *Politeia (Der Staat)* ist zuallererst natürlich eine philosophische Abhandlung. Dargeboten wird sie aber in der Form eines Dialogs mit Platons Lehrer **Sokrates** (469-399 v.Chr.), der die Hauptfigur darstellt.

Platons Buch ist unbestritten ein kanonischer Text der politischen und Moralphilosophie. Aber es enthält auch Überlegungen zum Stellenwert und der Funktion der mimetischen Künste, einschließlich der Dichtung, was es zu einem lohnenden Objekt für Literaturwissenschaftler macht. Es ist also, so betrachtet, eines der frühesten erhaltenen Werke zur Literaturwissenschaft.

Die Ideenlehre

Die Entscheidung, Dichter aus der Republik auszuschließen, beruht auf Platons Misstrauen gegenüber Mimesis, oder Nachahmung, die er als künstliche, täuschende Abweichung von der wahren Gestalt der Dinge ansieht. Diese Ansicht geht auf Platons **Ideenlehre** zurück. Ein Dichter erzeugt nur Abbilder zweiter Ordnung, im Gegensatz zu beispielsweise einem Tischler. Für Platon ist die Nachahmung durch den Dichter, sagen wir von einem Tisch, die Abbildung einer Abbildung, insofern der vom Tischler hergestellte Tisch selbst bloß eine Abbildung der wahrhaft seienden, oder göttlichen, Idee des Tischs ist.

Platon beunruhigte auch, in welchem Umfang Dichter unzutreffende (und blasphemische) Darstellungen griechischer Götter erschufen, die das reibungslose Funktionieren des idealen Staates stören könnten und führt dafür Beispiele von **Homer** (ca. 8. Jhd. v. Chr.) und anderen an. Dichtung könnte auch die Entschlossenheit und Selbstbeherrschung der Soldaten und Wächter des Stadtstaates schwächen, weil Poesie bei ihren Hörern Leidenschaften anstachelt und aufwühlt. Platons Ansichten über die Funktion der Dichtung waren somit sehr restriktiv.

Platon wollte brauchbare Poesie, also unterwarf er die Ansprüche von künstlerischer Selbstbestimmung und Unabhängigkeit dem höheren Gut der *Polis* oder des Stadtstaates. Für viele Leser wirkte seine Argumentation oft wie eine Begründung für Zensur. Man kann sie aber auch als Teil einer spielerischen und andauernden Rivalität zwischen Poesie und Philosophie interpretieren, mit ihrem jeweils eigenen Anspruch, der Weg zur Wahrheit zu sein.

Im Gegensatz dazu verteidigte **Aristoteles** (384-322 v. Chr.) in seiner Abhandlung über *Poetik* die mimetischen Künste – besonders Epik, Tragödie, Komödie und Dithyramben* und auch Musik für Flöte und Leier.

Aristoteles Abhandlung skizziert die von ihm aus der menschlichen Natur abgeleiteten Regeln, die die nachahmenden Künste beherrschen. Sie enthält auch Kapitel über die Konstruktion von Handlung in der Tragödie und wie die Kritiken an Homer entkräftet werden können. Aristoteles verteidigte Mimesis, weil sie **Vergnügen** bereitet, gegen Platons strenge Ausrichtung auf **Nützlichkeit**, aber verknüpfte dabei die unterhaltenden Aspekte der Nachahmung mit ihrer belehrenden Funktion. Aristoteles Verständnis von Mimesis, insbesondere bei Tragödie und Epik, hatte einen weitreichenden Einfluss auf die europäische Renaissance im 16. Jahrhundert und darüber hinaus.

Die drei Einheiten

Aristoteles Theorie der Einheit von **Handlung**, **Zeit** und **Ort**, aus der *Poetik* rekonstruiert, war besonders einflussreich in Italien und Frankreich zu Zeiten der Renaissance. In seiner Erörterung der Handlung (Plot) betonte Aristoteles die bedeutende Rolle der **Ganzheit**, um den erforderlichen Grad an Ordnung, Geltungsbreite und Einheit zu erreichen.

In welchem Ausmaß Aristoteles diese Bemerkungen als beschreibende Charakterisierung oder vorschreibende Regeln beabsichtigte, darüber lässt sich streiten. Er bietet aber auch eindeutigere Anleitungen für Dramatiker an.

Katharsis

Ein weiteres wichtiges Konzept aus Aristoteles' *Poetik* ist das der **Katharsis**, ein Begriff, der sich speziell auf die Tragödie bezieht. Im Gegensatz zur Komödie, die Aristoteles über „schlechte" oder „hässliche" Charaktere definiert, geht es in der Tragödie um „hohe" Handlungen, die in dramatischer Form dargestellt werden und nicht, wie bei der Epik, in narrativer Form.

Sein Gebrauch dieses Begriffs löste große Diskussionen aus. Es gibt keine exakte Definition, aber er wird üblicherweise als ein nahezu therapeutischer oder reinigender Prozess verstanden, bei dem das Publikum lernt, menschliches Leiden zu verstehen, ohne es mit derselben Intensität zu erleben, wie es auf der Bühne dargestellt wird.

In den 1930er Jahren stellte der deutsche marxistische Dramatiker **Bertolt Brecht** (1898-1956) sich mit seiner Theorie eines politischen nicht-aristotelischen Theaters polemisch und kontrovers gegen Aristoteles' Konzept der Katharsis. Brecht lehnte das Konzept der Katharsis ab, weil es das Publikum als einzelne Individuen voraussetzt, anstatt es als politisches Kollektiv zu sehen, das in der Lage ist, auf die dargestellte Bühnenhandlung mit eigenem Denken und Schlussfolgern zu reagieren.

Die Identifikation des Publikums mit dem „unausweichlichen Schicksal" des tragischen Helden verschleiert die tatsächliche Handlungsfähigkeit des Menschen in sozio-ökonomischen Prozessen.

Verteidiger der Poesie: Sidney und Shelley

Brecht reagierte auf Aristoteles als Theaterschaffender und Dramatiker. Andere „Schaffende", darunter Dichter wie **Philip Sidney** (1554-1586) und **Percy Bysshe Shelley** (1792-1822) ließen sich von Aristoteles' Verteidigung des erzieherischen Werts des ästhetischen Vergnügens beeinflussen, als sie ihre eigenen Schriften zur Verteidigung der Dichtung verfassten. Beide parierten kreativ und geistreich die Angriffe auf Wert und Status der Poesie.

Sidney schrieb gegen die Puritaner des 16. Jahrhunderts an und verteidigte Poesie und Drama gegen den Vorwurf der Blasphemie. Shelley antwortete auf **Thomas Love Peacock**'s (1785-1866) Essay* *Die vier Zeitalter der Dichtkunst* (*The Four Ages of Poetry*, 1820), in dem Peacock forderte, dass Poesie im Schatten der Wissenschaft zu stehen habe.

Sidney lieferte in seiner *Verteidigung der Dichtkunst (Defence of Poesy)*, bekannt als *An Apology for Poetrie* (1581), eine spielerische, aber ernst gemeinte Einschätzung der jeweiligen Verdienste von Geschichte, Philosophie und Poesie.

Sidney verstand unter **Apologie** eine offizielle Verteidigung oder Rechtfertigung der eigenen Position und nicht etwa einen Ausdruck des Bedauerns.

Sidney untermauerte seine Argumentation mit Verweisen auf klassische Dichter wie etwa Homer, Dante, Boccaccio und Petrarca.

Sidney griff ebenfalls Platons und Aristoteles' Diskussion über Mimesis auf, wobei er „Vortäuschung" (Herstellung oder Darstellung) als die Arbeit des Dichters identifizierte und dichterische Nachahmung als ein Mittel zum „erfreulichen Unterrichten" verstand. Sidney zufolge kann Poesie den Geist reinigen, das Gedächtnis bereichern, die Urteilskraft schärfen und die Vorstellung erweitern. Ihr Ziel ...

Man kann klar erkennen, dass Sidney stärker mit Aristoteles' Verteidigung von Mimesis als mit Platons argwöhnischer Ablehnung sympathisierte – was wenig überrascht, denn Sidneys „Apologie" war gleichzeitig eine implizite Verteidigung seiner eigenen Position als Dichter.

Sidney lieferte zwei wichtige Definitionen des Dichters. Erstens identifiziert er ihn als „göttliche Kraft", unter Rückbezug auf das lateinische Wort für Dichter, vates (was „Göttlicher", „Wahrsager" oder „Prophet" bedeutet). Damit bezieht er sich auf einen von Platons frühen Dialogen: Ion. Zweitens merkte er an, dass sich das Wort „Poet" von dem griechischen „poiein" ableitet, was „machen" bedeutet.

In seiner im Jahre 1821 geschriebenen, aber erst im Jahre 1840 veröffentlichten Schrift **Eine Verteidigung der Poesie (A Defence of Poetry)** meinte Shelley, dass Poesie neben ihrem ästhetischen Wert auch einen kognitiven Wert hat. Sie ermögliche eine Form der Kenntnis über die Welt, die verschieden von dem Wissen ist, das durch den Verstand erworben wird. Auf dieser Grundlage behauptete er: „Dichter sind die geheimen Gesetzgeber der Welt." Shelley meinte auch, dass Dichtung eine moralisch vermittelnde Rolle einnimmt:

Die erzieherische Funktion von Dichtung hat nach diesem Verständnis einen humanisierenden Einfluss.

Shelley sah die moralische Funktion der Dichtung allerdings nicht als direkt didaktisch oder moralisierend. Stattdessen verteidigte Shelley ihren Wert mit Rückgriff auf einige besonders faszinierende (wenn kombinierte) Metaphern*.

Popes' Theorie

Sidneys und Shelleys *Verteidigungen* sind wichtige Texte in der Geschichte der Literaturtheorie nicht zuletzt, weil beide Dichter ihre Thesen über den Wert der Dichtung im Dialog mit den alten **klassischen** Theorie-Traditionen und deren ästhetischem Denken entwickeln.

Alexander Pope (1688-1744), der zwischen Sidneys Renaissance-Humanismus* und Shelleys Romantik des frühen 19. Jahrhunderts zu verorten ist, beteiligte sich mit *Versuch über die Kritik* (*An Essay on Criticism*, 1711) am Dialog. Popes versgebundener *Essay* ist im Stil des römischen Dichters **Horaz** (65-8 n. Chr.) geschrieben und gibt angehenden Kritikern Ratschläge:

Pope befasste sich mit den neoklassischen Prinzipien von Gleichgewicht, Ordnung und Anstand.

Für Pope war es wichtig, dass Kritiker ihre Grenzen kennen. Wir können uns Popes Gegenpole „Natur und Geist" auch als das Gegensatzpaar von äußeren kosmischen Gesetzen und menschlicher Intelligenz oder Gerissenheit (verwandt mit der „Sünde" des Stolzes) vorstellen.

Die Wahrheit der Natur kann vom Menschen beobachtet und in klarer, eleganter, stilvoller Sprache ausgedrückt werden, aber ihre fundamentale Gesetzmäßigkeit ist vorgegeben und steht nicht zur Debatte.

Im Unterschied zu Sidney und Shelley, die Poesie in Prosaform verteidigten, schrieb Pope seine Kritik am zeitgenössischen Kritikermilieu in Gedichtform, in „heroischen Reimpaaren"*.

Es ist ein Essay *über* Kritik und kann gleichermaßen als ein kritisches Essay gelesen werden. Pope formuliert darin seine Ansichten über die Regeln des Geschmacks, die das Komponieren von Dichtung leiten. Er griff in den Streit ein, ob Dichtung die Natur direkt imitieren sollte oder sich an die künstlichen Regeln halten sollte, die von den alten klassischen Dichtern festgelegt wurden. Popes eigene Position verband beide Positionen geschickt: Er verwies darauf, dass die antiken Schriftsteller ihre Regeln anhand genauer Beobachtungen der Natur entwickelten.

Klassik und Moderne

Pope erwies den klassischen Schriftstellern seine Referenz, indem er auf Homer, Aristoteles, Horaz Vergil und andere anspielte* oder sich direkt auf sie bezog. Diese Praxis war Teil einer lange dauernden wichtigen Debatte im Frankreich und England des späten 17. Jahrhunderts zwischen den sogenannten „Alten" und „Modernen".

Die „Alten" sahen im klassischen Griechenland und Rom Vorbilder für zeitgenössische literarische Exzellenz (deshalb Popes Entscheidung, im Stil von Horaz zu schreiben). Der französische Dramatiker **Jean Racine** (1639-1699) kann mit seinem strengen Befolgen von Aristoteles' „Einheiten-Lehre" ebenfalls als Beispiel eines dezidierten „Alten" dienen. Die „Modernen" hielten dagegen die moderne Wissenschaft für überlegen und erhellender als die klassische Weisheit.

Jean Racine

Der Streit brach in Frankreich aus. Er drehte sich um die Verteidigung heroischer Gedichte von **Jean Desmarets de Saint-Sorlin** (1595-1676), die eher einer christlichen als der klassischen Tradition folgten. Auf der anderen Seite befand sich **Nicolas Boileaus** Werk *Die Dichtkunst* (*L'Art Poétique*, 1674), welches die klassische Tradition der Poesie verteidigte. Die Auseinandersetzung setzte sich bis ins 18. Jahrhundert fort.

Jonathan Swift (1667-1745) verfasste mit *Ein Märchen über eine Tonne* (*A Tale of a Tub*, 1704) und dessen Vorwort *Die Schlacht der Bücher* (*The Battle of the Books*) eine Satire über den Disput. Der Stil parodiert die heroische Dichtung und schildert eine Schlacht zwischen den alten und modernen Büchern in der St. James Bibliothek.

Namhafte englische Autoren, die den klassischen Vorbildern und Regeln folgten, waren **Ben Jonson** (1572-1637), **John Dryden** (1632-1700), Pope, Swift, **Joseph Addison** (1672-1719) und **Dr Johnson** (1709-1784).

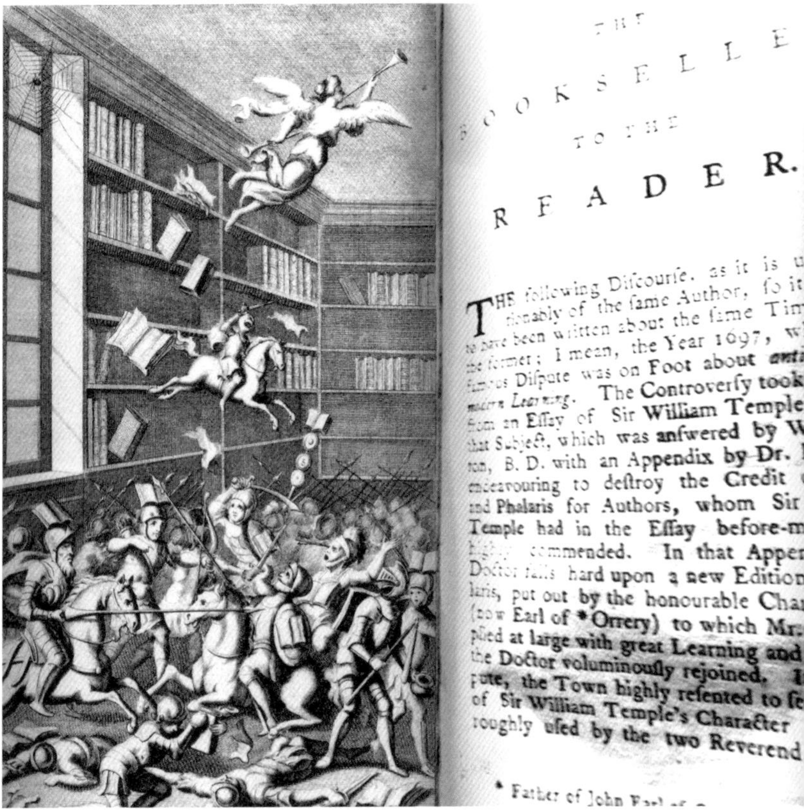

READER.

THE following Discourse, as it is
sonably of the same Author, so it
been written about the same Tim
former; I mean, the Year 1697,
Dispute was on Foot about
Learning. The Controversy took
an Essay of Sir William Temple
Subject, which was answered by
B. D. with an Appendix by Dr.
endeavouring to destroy the Credit
Phalaris for Authors, whom Sir
Temple had in the Essay before-m
commended. In that Appen
Doctor falls hard upon a new Edition
laris, put out by the honourable Cha
Earl of *Orrery) to which Mr.
plied at large with great Learning and
the Doctor voluminously rejoined.
pute, the Town highly resented to se
of Sir William Temple's Character
roughly used by the two Reverend

* Father of John Earl of

Neoklassizismus

Popes Neoklassizismus* war Teil einer breiteren Strömung des Rationalismus der Aufklärung. Rationalisten zufolge, die den Verstand über alles andere stellten, sind Naturgesetze **objektiv** in der materiellen Welt vorhanden und vom begrenzten **subjektiven** „Geist" des Individuums unabhängig. Sie liefern **archetypische** Kriterien, nach denen Kunstwerke zu beurteilen sind.

In seinem **Versuch über die Kritik** verdeutlicht Pope diesen Punkt, indem er einen metaphorischen Vergleich zwischen Licht und göttlichem Wissen zieht:

Ein anderer wichtiger Neoklassizist war der Dichter und Dramatiker John Dryden. In seinem *Versuch über die dramatische Poesie* (*Essay of Dramatick Poesy*), 1668) antwortete Dryden auf Sidneys *Verteidigung* und machte sich daran, dramatische Texte als eine legitime Form der Dichtung zu rechtfertigen.

Er verteidigte das englische Drama und besonders Shakespeare gegen klassische und französische Konkurrenten, indem er vor einer allzu strengen Interpretation von Aristoteles' Einheiten warnte und gleichzeitig die jeweiligen Vorzüge des alten und modernen Dramas erkundete. Der Essay ist als Unterhaltung zwischen vier Leuten angelegt. Diese tragen alle klassische Namen, repräsentieren aber jeweils Figuren des 17. Jahrhunderts, darunter auch Dryden.

Der Englische Bürgerkrieg und die literarischen Fronten

Nicht nur der literarische Streit zwischen „Alten" und „Modernen" zeichnete das 17. Jahrhundert. Daneben tobte noch der Englische Bürgerkrieg (1642-1651) zwischen den Royalisten (Kavalieren), die König Charles I. unterstützten, und den Parlamentariern (Rundköpfen), von denen einige für eine konstitutionelle Monarchie, andere für eine Republik eintraten.

Berühmte literarische Figuren spielten eine aktive Rolle auf beiden Seiten des Aufstands. **John Milton** (1608-1674) schrieb polemische Traktate für die Parlamentarier und verteidigte in *Der Anspruch von Königen und Obrigkeiten* (*The Tenure of Kings and Magistrates*, 1649) und *Eikonoklastes* (1649) das Volksrecht, einen schuldigen Souverän köpfen zu dürfen.

Wo dagegen die Loyalität von **Andrew Marvell** (1621-1678) lag, zeigte sich nicht ganz so eindeutig. So lasen einige das Gedicht *Eine Horazische Ode auf Cromwells Rückkehr aus Irland* (1650) als klare Lobrede, während andere auf dessen mögliche Ambivalenz hinwiesen.

Marvell schrieb: „An vielem trägt der Mensch die Schuld." Sein Schlussvers drückt sich jedoch mehrdeutig über die fortlaufende Wahrscheinlichkeit von sozialem Unfrieden aus, die durch die Enthauptung von Charles I. auf dem „tragischen Schafott" ausgelöst wurde.

Andere Dichter, darunter **Robert Herrick** (1591-1674), **Thomas Carew** (1595-1640) und Richard Lovelace (1617-1657) kämpften mit ihren Versen auf Seiten der Kavaliere, glorifizierten die Krone und verspotteten deren Gegner.

Es ist trotzdem bemerkenswert, dass in den Jahren von Oliver Cromwells Protektorat, nach dem Krieg, puritanische anti-poetische Ideen wiederbelebt wurden, teilweise als Auflehnung gegen die kultivierte Literaturpraxis am Hofe Charles I., die von den Rundköpfen für frivol und moralisch fragwürdig gehalten wurde.

Die Kavalierdichter antworteten den Rundköpfen mit gewitzten Satiren. Satire blieb nach der Restauration (die Zeit nach dem Protektorat, in dem die Monarchie wieder hergestellt wurde) eine wichtige politische Waffe, wie man an *Hudibras* von **Samuel Butler** (1613-1680) erkennen kann. Butlers narratives Spottgedicht wurde in drei Teilen in den Jahren 1663, 1664 und 1678 veröffentlicht.

Der romantische Mensch

Die literarische Landschaft im 18. Jahrhundert bekam Farbe durch die Aufteilung in Klassik* und Romantik, wobei eine klare Unterscheidung zwischen beiden Bewegungen zu vereinfachend wäre, wie wir gleich sehen werden. Die Theorien deutscher Philosophen unter anderen auch **Friedrich von Schlegel** (1772-1829) wurden von einer französischen Literatin, **Madame de Staël** (1766-1817), in ihrem Buch *Über Deutschland* (1813) populär gemacht.

In seinen frühen Schriften entwarf Schlegel eine im **radikalen Individualismus** begründete romantische Poetik und Ethik. Das bildete die philosophische Grundlage für das Hochjubeln von Stimmungen und Gefühlen, von Kreativität und Originalität, womit sich die Romantik gegen die Betonung der Rationalität durch die Klassik richtete.

Friedrich von Schiller (1759-1805) veröffentlichte den einflussreichen Briefband *Über die ästhetische Erziehung des Menschen* (1795), in dem Ästhetik als Vorbild der menschlichen Freiheit dargestellt wird: Die Vorstellungskraft des Individuums wird als Vermögen gesehen, das Empfindung, Wahrnehmung und Erkenntnis vereint.

Schiller sah die scheinbar organische (natürlich vorkommende) Ganzheit der Polis der griechischen Antike als ideales Vorbild der menschlichen Gesellschaft, im Gegensatz zur fragmentarischen Natur der modernen Existenz.

Der Blick zurück auf idealisierte Gesellschaftsmodelle der Vergangenheit beeinflusste auch romantische Schriftsteller in England. Besonders deutlich wird das in Shelleys „Vorwort" zu seinem Versdrama *Der entfesselte Prometheus* (1820, 1839). Obwohl man die Romantik generell als Teil einer breiten Reaktion gegen das Befolgen neoklassischer Regeln und stilistischer Einschränkungen sehen muss, überschneidet sich Shelleys Idealisierung von „nicht perfekteren Institutionen als jenen Athens" mit dem Klassizismus.

Der Konflikt zwischen Klassik und Romantik wird oft als Gegensatzpaar von **Autorität** (von Vorgängern und Konventionen) und **Originalität** (der künstlerischen Schöpfung) dargestellt.

Es gibt keine Regeln oder Vorbilder.
Victor Hugo (1802-1885)

Ein wichtiger Faktor für die Unterscheidung beider Bewegungen ist deren Einstellung zur Subjektivität. Wie wir an Pope gesehen haben, betonen Klassizisten die objektive Natur der äußeren, materiellen Welt (Objektivismus*).

Für Subjektivisten, wie **Johann Fichte** (1762-1814), ist das Bewusstsein kein bloß wahrnehmender Apparat, sondern von der äußerlichen Welt untrennbar – wobei die Kant'sche Unterscheidung zwischen Noumena (Dingen an sich) und Phenomena (Dingen, wie sie erscheinen) abgelehnt wird.

1800 wollte ein weiterer Friedrich – **Friedrich Schelling** (1775-1854) – Subjektivismus* und Objektivismus in seinem **System des transzendentalen Idealismus** versöhnen.

Die romantische Theorie als Variante der Philosophie Schellings betonte die prägende Rolle des Bewusstseins und der individuellen Kreativität.

Diese subjektivistische Position wurde von **Bischof Berkeley** (1685-1753) antizipiert. Er vertrat einen **Immaterialismus** oder subjektiven Idealismus – dahin argumentierend, dass Dinge nicht konkret existieren, sondern „ideell" geschaffen werden durch das Bewusstsein des Menschen. Aus diesem Grund wurde Berkeley manchmal als „Vater des Idealismus" bezeichnet. **Dr. Johnson**, ein gestandener Vertreter der Klassik und des Objektivismus, widersprach bekanntermaßen.

James Boswell, Johnsons Biograph (1740-1795)

Johnson war zudem eine literarische Schlüsselfigur wegen Erstellung eines **Kanons*** englischer Literatur (Verzeichnis von besonders einflussreichen oder wichtigen Werken). Er setzte Marksteine als Lexikograf mit *Dictionary oft the English Language* 2 Bde., 1755), als Biograf mit *Lives of the English Poets* (1779-1781) und als Herausgeber einer Shakespeare-Ausgabe.

Coleridge und Wordsworth: Romantisierung der englischen Literatur

Die Übertragung der romantischen Theorie in die englischsprachige Kultur war ein komplexer Prozess. **Samuel Taylor Coleridges** (1772-1834) *Biographia Literaria* (1817), eine Sammlung philosophischer Reflexionen und Gedanken zur Literatur, spielte eine Schlüsselrolle bei der Verbreitung der Hauptlehren des deutschen philosophischen Idealismus und der Romantik in Großbritannien.

Die Komponenten von biografischer Selbsterkundung, die Coleridges Text kennzeichnen, sind selbst wieder Beispiele der romantischen Betonung von Subjektivität und Selbstheit.

1798 arbeitete Coleridge mit seinem Freund **William Wordsworth** (1770-1850) zusammen an einem Gedichtband unter dem Titel *Lyrische Balladen*. Wordsworths „Vorwort" zur Ausgabe von 1800 war gleichsam das Manifest der Romantik in Großbritannien:

Der Individualismus der romantischen Weltsicht wird fühlbar; Wordsworth betonte die starke Subjektivität der dichterischen Wahrnehmung der Welt, besonders der Natur.

Für Wordsworth ist Dichtung das Resultat von Denken und Fühlen, Verstand und Leidenschaft.

Wordsworths Poetik der Inspiration ist nichtsdestoweniger in der getreuen Nachahmung der Natur gegründet, weil die Aufgabe des Dichters sich aufs „Auswählen" beschränkt und nicht dem Versuch erliegt, die „Natur herauszuputzen oder zu erhöhen".

In deutlichem Kontrast zum gehobenen Stil der neoklassizistischen Dichter wie Pope und Dryden, die ebenfalls beanspruchten, die Natur zu imitieren, meinte Wordsworth, dass poetische Diktion (Sprache) sich nach der „Sprache des gewöhnlichen Mannes" modellieren sollte – eine Wahl, die seine Vorliebe für die „volkstümliche" balladische Form* bestimmte.

Ein Problem an Wordsworths Betonung des heroischen Genies bei der selektiven Sichtweise eines Dichters ist, dass dabei nicht recht klar wird, was der Dichter weglässt oder absichtlich übersieht.

Das ist ein Grund, weshalb das Verb „romantisieren" noch immer leicht abwertend klingt, was sich auf den Akt der Idealisierung bezieht, der der Wirklichkeit nicht gerecht wird, die er zu beschreiben sucht.

Beispielsweise hat Wordsworth in seinem Gedicht *Lines, Composed a Few Miles above Tintern Abbey* aus den *Lyrischen Balladen* die negativen Folgeerscheinungen der industriellen Revolution nicht erwähnt. Aus dem Sichtfeld des Sprechers klammerte er den Verkehr und die Umweltverschmutzung im Wye Valley aus und auch die Wanderarbeiter, die vom Kohleabbau in der Umgebung lebten.

Wordsworth ließ diese Landschaftsmerkmale aus, um die englische Landschaft voller „Hofparzellen" und „Obst-Hainen" als natürlich und unberührt darzustellen.

Das wurde in Arbeiten von Literaturwissenschaftlern des New Historicism wie **Marjorie Levinson** (geb. 1951) und **Jerome J. McGann** (geb. 1937) herausgearbeitet (vgl. New Historicism, S. 128).

Allerdings, so sagen einige, verschleiert Wordsworth mit dieser Behauptung das Maß, in dem alle Dichtung, inklusive seiner eigenen, eine sorgfältig ausgefeilte rhetorische Übung ist und somit nie der von ihm behauptete „spontane", unmittelbare Ausdruck von Leidenschaft und Erlebtem.

Die Funktion der Kritik

Mitte des 19. Jahrhunderts stellten viele Schriftsteller gängige viktorianische Erzählungen, die Fortschritt und Industrialisierung lobten, zur Debatte. Einer von ihnen war der Dichter und Kritiker **Matthew Arnold** (1822-1888).

Arnolds Essay *The Function of Criticism at the Present Time* (1864) war deswegen besonders wichtig, weil er versuchte, die soziale Rolle für eine Kritik zu bestimmen. Er meinte, dass der kreative Output der Romantiker (inklusive Wordsworth und Shelley) „unreif" war, weil er sich ohne „sauberes Faktenmaterial" entwickelte, etwa im Gegensatz zu Shakespeares England oder Pindars Griechenland:

Konsequenterweise betonte Arnold die wichtige Rolle der Kritik bei der Ebnung des Weges für große kreative Epochen, indem sie versucht, durch ein „freies interesseloses Spiel des Geistes" die besten Ideen herauszufiltern. Arnold räumte ein, dass das kritische Vermögen „von einem niedrigeren Rang als das kreative" ist, bestand aber dennoch auf der Wichtigkeit von Kritik.

Für Arnold war es besonders wichtig, dass der Kritiker sich über das „Rauschen und Dröhnen" des Alltagslebens erheben sollte, einen kultivierten Abstand von engstirnigen Vorurteilen religiöser Sekten und politischer Parteien wahrend. Der ideale kritische Standpunkt ist für Arnold der von **Interesselosigkeit** – was Unvoreingenommenheit und nicht fehlendes Interesse meint.

Arnold wird oft als Beispiel eines liberalen Humanismus angeführt, aber einige Theoretiker des 20. Jahrhunderts warfen ihm auch Naivität vor, da das Ideal einer Interesselosigkeit den falschen Eindruck vermitteln könnte, dass die Klasseninteressen der viktorianischen Bourgeoisie universell gewesen wären. Arnolds Ideal einer Kritik war sicherlich nicht frei von einer politischen Agenda.

Arnold sah **Kultur** als Mittel, um soziale Anarchie in einer Gesellschaft abzuwenden, in der religiöse Werte dem Druck von neuen wissenschaftlichen Narrativen über die Evolution ausgesetzt waren (Charles Darwins *Über die Entstehung der Arten* wurde 1859 veröffentlicht). Es ist die Aufgabe des Kritikers, diese Kultur aus hervorragendem Denken und Wissen so weit wie möglich zu verbreiten.

Arnolds Verteidigung des Hellenismus (der intellektuellen Kultur des antiken Griechenlands) in seinem einflussreichen Buch *Culture and Anarchy* (1869) macht ihn zu einem geradezu modellhaften Klassizisten. Sein Versuch, die englische Kultur zu „hellenisieren", zielte speziell auf die „Philister", die Banausen der Mittelklasse. Sie waren im Windschatten der industriellen Revolution zu einer sozialen und ökonomischen Machtposition aufgestiegen, aber ihnen fehlte nach dem Empfinden von Arnold die kulturelle Verfeinerung, früher Attribut der Aristokratie, die aber für den sozialen Zusammenhalt notwendig war.

„Literaturwissenschaft" wird eigenständige Disziplin

Arnold schrieb zu einer Zeit, in der englische Literaturwissenschaft langsam als akademische Disziplin ernst genommen wurde. In Oxford geht die erste Professur für Poesie auf das Jahr 1708 zurück, aber es war damals eine halbe Stelle, die bloß drei Vorlesungen im Jahr verlangte. Arnold hatte die entsprechende Position 1857-1867 inne.

Die Position des königlichen Lehrstuhls für Rhetorik und Schöne Künste, des ersten seiner Art, wurde 1762 an der Universität Edinburgh eingeführt und von dem Geistlichen **Hugh Blair** (1718-1800), einem Vertreter der schottischen Aufklärung, besetzt

Die langsame begriffliche Metamorphose von „Schöne Künste" in „Englische Literaturwissenschaft" war ein Phänomen des 19. Jahrhunderts. Als 1826 in London die Universität gegründet wurde, wurde englische Literatur als Fach ab 1828 angeboten, und der erste Professor für Englisch wurde 1829 berufen. Ursprünglich lieferte Literatur allerdings bloß Beispiele für ein Studium der Linguistik, so wie frühere Studenten der Rhetorik die Regeln des Textaufbaus studiert hatten.

Als Queen Victoria 1861 einen Lehrstuhl (Regius Chair) an der Universität Glasgow gründete, erhielt er die Bezeichnung „Englische Sprache und Literatur". **John Nichol** (1833-1894) besetzte diese Professur als Erster.

Auch der Name des Lehrstuhls in Edinburgh wurde 1858 in „Englische Sprache und Literatur" geändert, auf Wunsch von William **Edmondstoune Aytoun** (1813-1865), der ihn von 1845 bis 1865 innehatte.

Hugh Blairs *Vorlesungen über Rhetorik und schöne Wissenschaften* (1783) bezogen sich stark auf die Regeln der klassischen Rhetorik – er lehrte die Studenten gutes Formulieren.

William Aytouns Lehrveranstaltungen behandelten wiederum die chronologische Entwicklung der englischen literarischen Tradition entlang von Themen wie lateinische Literatur, populäre Balladen, Sprache, Stil und Versmaß.

John Nichol

Mitte des 19. Jahrhunderts war die Geburtsstunde der englischen Literaturwissenschaft als eigenständige Disziplin. Etwa zur gleichen Zeit gab es erste Lehrstühle für „Germanistik" in Berlin und in Rostock

F.D. Maurice (1805-1872), christlicher Sozialist und Professor für englische Geschichte und Literatur am King's College London, hielt die Literatur für einen Garanten des sozialen Gleichgewichts. Literatur, so argumentierte er, würde „uns von den Ansichten und Gewohnheiten befreien, die unserem Zeitalter eigen sind". Maurice nahm mit dieser Auffassung von Literatur als ein Aufbewahrungsort für zeitlose Wahrheiten und spirituelle Werte eines von Arnolds Schlüsselkonzepten vorweg: den qualitativen Maßstab.

Spätere Kritiker waren hier skeptischer, sie hielten Arnolds Behauptungen über einen transhistorischen Wert für ein ideologisches Manöver zur (säkulären) Kanonbildung.

Angriffe auf die Professionalisierung

Im späten 19. Jahrhundert kam dann die Reaktion auf die Professionalisierung der literarischen Kultur. Die Errichtung einer Professur für englische Literaturwissenschaft an der Universität Oxford im Jahr 1886 kommentierend, behauptete der Dichter und revolutionäre Sozialist **William Morris** (1834-1896):

Morris' Bemerkungen sind motiviert durch die Angst vor einer Spezialisierung von Literaturwissenschaft als eine enge akademische Disziplin, welche die Demokratisierung von künstlerischem und kulturellem Wissen bedrohen würde.

Belles Lettres (*Schöne Literatur*) lässt einen unwillkürlich an Bilder von Portwein trinkenden Herren in eichenvertäfelten Räumen denken.

„Germanistik" hat (überwiegend) andere Konnotationen, nicht zuletzt, weil es an eine nationale literarische Tradition denken lässt, die einer Kommentierung und Erläuterung bedarf.

Während die **Nützlichkeit** von Literaturwissenschaft im Vergleich zu anderen Fächern wie Medizin und Ingenieurwissenschaften weniger offensichtlich ist, könnten wir zum einen wieder an Aristoteles' Darstellung von Vergnügen als an sich wertvoll denken – eine Idee, die von Ästheten im späten 19. Jahrhundert wiederholt wurde – und weiter an die erzieherische Bedeutung von Mimesis.

Wenn Literaturwissenschaft zu den Geisteswissenschaften gehört, dann könnte sie (weit gefasst) als die Untersuchung dessen definiert werden, was es heißt, ein Mensch zu sein. Wenn du deine Zeit in der Gesellschaft von Shakespeare verbringst, wirst du sicher anders darüber denken als jemand, der sich gerade intensiv mit innerer Medizin beschäftigt.

In einer Gesellschaft, in der viele Arbeit als Entfremdung und als unbefriedigend erfahren, mag es merkwürdig erscheinen, dass eine kleine Gruppe von literarischen Professionellen Vergnügen aus dem Literaturstudium ziehen kann und sich dabei noch das Geld für die Miete verdient. Das ist das Dilemma der akademischen Spezialisten für Literatur.

Natürlich liest man Romane, Gedichte und Dramen in der Freizeit! Das aber als Lebensunterhalt zu tun wird angesehen als vulgär, ja geradezu frivol oder noch schlimmer als eine nicht zu rechtfertigende Verschwendung „nationaler Ressourcen". Davon abgesehen – wie groß ist der Erkenntnisgewinn bei einer literarischen Interpretation? Was wird dabei gelehrt? Dies sind einige der Einwände, denen sich Literaturwissenschaft als akademisches Fach immer noch stellen muss.

Shelleys Aussage mag als Rechtfertigung für ein Studium der Dichtung wenig überzeugend sein, wenn man das Publikum denkt, das der „Durchschnittsbürger" verkörpert und das sich loyal gegenüber staatlichen Institutionen (wie Politikern) verhält. Aber es bleibt eine Rechtfertigung.

Die Angst davor, Literaturwissenschaften immer rechtfertigen zu müssen, besteht bis heute und tangiert die Geisteswissenschaften ganz allgemein. Nicht hilfreich war dabei das Einsetzen einer Krise des neoliberalen Kapitalismus nach dem Zusammenbruch 2008, was "das traurig Dröhnen, das im langen Schwund den Rückzug"* der öffentlichen Finanzierung aus der universitären Bildung verstärkt hat, besonders in den „nutzlosen" philosophischen Fakultäten

Kardinal **John Henry Newman** (1801–1890) hat in einer Reihe von Vorlesungen (veröffentlicht als **Die Idee der Universität**, 1852/1859) Wissen als erstrebenswertes Ziel um seiner selbst willen verteidigt, im Gegensatz zu der utilitaristischen Zielsetzung von ökonomischem Gewinn oder gesteigerter Wettbewerbsfähigkeit. Er identifizierte die „Funktion" der Universität mit „intellektueller Kultur".

Der gegenwärtige politische Druck auf viele Universitäten, ökonomische Interessen zu verfolgen, bedroht die intellektuelle Integrität und Unabhängigkeit der akademischen Disziplinen. Der implizite Trend zur beruflichen Ausbildung droht ein vielseitiges Fach wie Literaturwissenschaft auf einen Kurs für sprachliche Kompetenz zu reduzieren.

Aber schon Walter Benjamin wies in *Das Leben der Studenten* (1915) darauf hin, dass akademische Bildung keinesfalls nur als reines Sprungbrett in die Arbeitswelt gesehen und entsprechend bewertet werden sollte.

Newmans und Benjamins Auffassung vom Wissen um seiner selbst willen passt zu Arnolds anti-utilitaristischer Konzeption der „Aufgabe“ von Literaturkritik.

Arnolds Formulierung wurde von späteren Schriftstellern aufgegriffen, darunter der irische Dramatiker und Radikale **Oscar Wilde** (dem Raffinement sicherlich nicht fremd war) und der amerikanische Dichter **T.S. Eliot** (1888-1965). Wilde veröffentlichte 1890 einen Essay in Form eines sokratischen Dialogs über den „Kritiker als Künstler“. Eliot lieh sich Arnolds Titel *Die Funktion der Kritik** (1923) für einen Essay, der Teil eines öffentlichen Disputes mit dem romantischen Kritiker John Middleton Murry war.

*In T.S. Eliot. Werke in vier Bänden. Essays I. Suhrkamp, Berlin 1967

Ästhetizismus

Die beiden Figuren in Wildes Dialog, Gilbert und Ernest, tauschen sich miteinander aus über die Philosophie des Ästhetizismus*, der Wilde in den Werken des französischen Romanautors **Théophile Gautier** (1811-1872) und in den Vorträgen des Oxforder Kritikers und Essayisten **Walter Horatio Pater** (1839-1894) begegnet ist.

Wilde wiederholte Arnolds Akzentsetzung auf „interesselose Neugier" als einem Modus Operandi der Kritik, womit er die klassische Trennung zwischen aktiven und kontemplativen Lebensweisen bekräftigte: das öffentliche Leben mit sozialer Verantwortung gegen das geistige oder kontemplative Leben, was von sozialen Pflichten befreit ist. Für Wilde war ästhetisches und kontemplatives Leben identisch. Ästhetik wurde so als vollkommen abgetrennt von allen ethischen Imperativen und moralischen Absichten angesehen.

Ästhetizismus war ein Kulminationspunkt der anti-utilitaristischen Gesinnung der romantischen Bewegung und der viktorianischen Sozialkritik von Arnold und **John Ruskin** (1819-1900). Allerdings verneinten Ästheten, im Unterschied zu ihren Vorgängern, jegliche Verbindung zwischen Kunst und Moral oder sozialem Anliegen.

Paters "Schlussbemerkung" aus seinem Werk *The Renaissance: Studies in Art und Poetry* (1873) ist ein wichtiges Beispiel für den „fin de siècle Ästhetizismus", der das Streben nach flüchtigen, sinnlichen Erfahrungen und die „innere Gedanken- und Gefühlswelt" zum höchsten Lebenszweck anhob.

Paters Erhöhung der unmittelbaren sinnlichen Erfahrungen erwies sich als derart umstritten, dass er seine „Schlussbemerkung" in der zweiten Auflage von *The Renaissance* wegließ. Pater hat wohl die Seele aus seiner Schilderung des menschlichen Lebens verbannt – ein Skandal (nicht nur) im spätviktorianischen Großbritannien.

Pater sah die Dichtung von **Algernon Charles Swinburne** (1837-1909) und die frühen Gedichte von William Morris als Ausdrucksformen seiner ästhetizistischen Philosophie an. Wilde ging noch weiter und verkörperte Ästhetizismus in seiner ostentativen Kultivierung eines öffentlichen Bohemes, inklusive grüner Nelken und ägyptischer Zigaretten.

Wenn wir an den Unterschied zwischen Platons und Aristoteles' Theorien der Mimesis denken, ist klar, dass Pater und Wilde entfernte Nachfahren der aristotelischen Aufwertung von ästhetischem Genuss sind. Allerdings dort, wo Aristoteles und spätere Anhänger der Dichtung den erzieherischen (und manchmal moralischen) Wert dieses Genusses betonten, suchten die fin-de-siècle-Ästheten Genuss allein um seiner selbst willen. Sie verneinten alle Ideen zur Nützlichkeit und betonten stattdessen die Wichtigkeit des Nichts-Tuns.

Der Kritiker als Künstler

Wilde beanspruchte einen ästhetischen Wert für Kritik. Er ließ seinen Charakter Gilbert argumentieren:

Für Wilde war Kritik die „Schrift der eigenen Seele", in Akzentuierung der „bohemehaften" Selbst-Kultivierung eines ästhetischen Temperaments und Geschmacks. T.S. Eliot vertrat eben diese Ansicht von der kreativen Rolle der Kritik in dem letzten Abschnitt seiner **Die Funktion der Kritik** (1923). Dort lieferte er eine scharfe Erwiderung auf Arnolds strenge Trennung zwischen kreativen und kritischen Fähigkeiten.

T.S. Eliot: Der Dichter als Kritiker

Zu einer Zeit von Chaos und Zerstörung durch den ersten Weltkrieg, die die liberal-humanistischen (oder Arnold'schen) Annahmen über den intrinsischen Wert von Kultur hoffnungslos naiv erscheinen ließ, versuchte Eliot den Sinn für Loyalität zu Tradition und Ordnung wiederzubeleben.

In *Tradition und individuelle Begabung* (1919) lieferte Eliot eine Vision von einem literarischen Kanon, in dem große Autoren aus Vergangenheit und Gegenwart immer wieder neu nach ihren literarischen Verdiensten aufgestellt werden.

Eliot griff auch die romantische Aufwertung von dichterischem Genie und Originalität an. Er verglich den Prozess der dichterischen Komposition mit einer chemischen Reaktion, in der ein Stückchen Platin als Katalysator agiert und Sauerstoff und Schwefeldioxid zu Schwefelsäure reagieren lässt.

Diese erstaunliche naturwissenschaftliche Analogie ficht gegen Wordsworths romantischen Humanismus. Der Geist des Dichters ist für Eliot ein Behälter für Gefühle, Sätze und Bilder, die gespeichert werden, bis sie sich zu einer dichterischen Verbindung vereinen.

Eliots eigenwillige Sichtweise auf literarische Tradition und Hinterlassenschaft wertete Originalität und Inspiration (von Wordsworth noch gepriesen) ab und behauptete stattdessen, dass ein Verständnis von Tradition nur durch „große Arbeit" und das Verbessern von historischer Kenntnis erreicht werden kann. Er begann *Funktion der Kritik* mit einem Zitat aus seinem früheren Essay, das seine anspruchsvolle kritische Perspektive zusammenfasst:

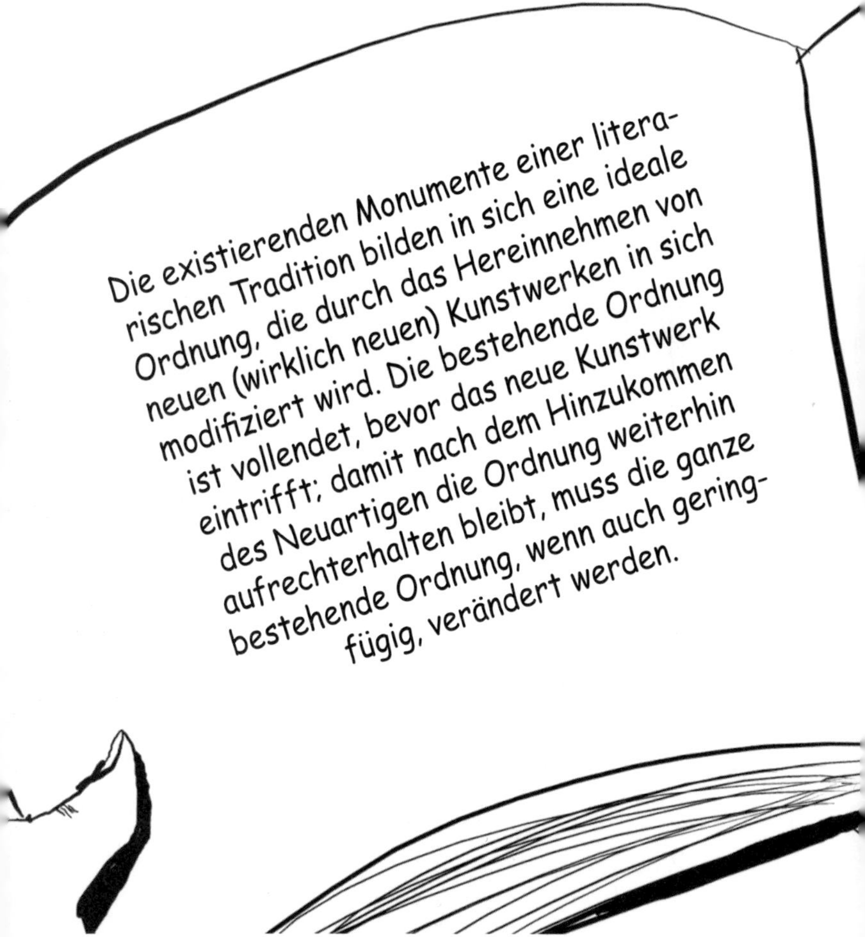

Verglichen mit den revolutionären Ansprüchen des jungen Wordsworth oder Shelley mag Eliots Sicht vom „Hinzukommen des Neuartigen" besonders konservativ und vorsichtig erscheinen. Spannend wird es bei der praktischen Anwendung des Prinzips. Dadurch dass Eliot eine kritische Haltung gegenüber der romantischen Aufwertung von Originalität und der „inneren Stimme" einnahm, gelangte er zu einer Poetik der Selbst-Negation.

Kritik beinhaltet nach Eliot die Interpretation von Kunstwerken ebenso wie die „Korrektur von Geschmack". Er meinte:

Sein eigenes literaturwissenschaftliches Schreiben drehte sich stark um Dramatiker des elisabethanischen Zeitalters, darunter Shakespeare, Ben Jonson, **Christopher Marlowe** (1564-1593) und **Thomas Middleton** (1580-1627).

Die Moderne

Eliot war einer der berühmtesten englischen Schriftsteller der Moderne, dessen Dichtung die übernommenen stilistischen und literarischen Normen radikal herausforderte.

Virginia Woolf (1882-1941), eine andere berühmte Vertreterin der Moderne und Teil der Bloomsbury Gruppe (Schriftsteller, Künstler und Intellektuelle), betrat ebenfalls experimentelles Neuland. Ihre Romane, darunter *Mrs. Dalloway* (1925) und *Zum Leuchtturm* (1927), brechen mit den Konventionen des viktorianischen Realismus, indem die lineare, chronologische Abfolge der Handlung unterbrochen wird, um neue Wege zu erkunden, die innere Welt des menschlichen Bewusstseins und Fühlens darzustellen.

Die „Moderne" ist so etwas wie ein Kofferkonzept: Vieles kann hineingezwängt werden. Es beschreibt eine literarische und künstlerische Bewegung des späten 19. und frühen 20. Jahrhunderts und enthält viele Untergruppen (z. B. Imagismus, Surrealismus, Dada). Gekennzeichnet ist die Moderne durch literarisches und formales Experimentieren mit Themen, Stilmitteln und Erzähltechniken, den Angriff auf den bestehenden Geschmack, Tradition und Konvention und die Erkundung neuer Wege, das Menschsein zu verstehen.

Woolf und der Kampf der weiblichen Autoren

1929 veröffentlichte Woolf einen wichtigen buchlangen kritischen Essay, *Ein Zimmer für sich allein*, in dem sie darlegte, wie weibliche Schriftsteller durch die kreativen und theoretischen Traditionen aus dem Literaturbetrieb weitgehend ausgeschlossen wurden.

Ihr fiktionaler Charakter, Judith Shakespeare – Williams Schwester –, wurde erfunden, um zu illustrieren, wie eine Frau mit Shakespeares literarischem Talent die Chance zur Verwirklichung ihres kreativen Potenzials versagt worden wäre, weil die sozialen Konventionen Frauen den Zutritt zu Bildung und einen Raum zum Schreiben verwehrten. Judith Shakespeare exemplifiziert die soziale Ungleichheit von Männern und Frauen in einer patriarchalischen Gesellschaft.

Dir ist vielleicht aufgefallen, dass fast alle bisher vorgestellten Schriftsteller Männer waren. Natürlich gab es auch schon früher Schriftstellerinnen und Wissenschaftlerinnen, aber in Woolfs Argumentation geht es auch um die Verfahren, mit denen eine patriarchalische oder männlich dominierte Gesellschaft weibliche Stimmen an den Rand drängt und abwürgt.

Ein Beispiel dafür ist die viktorianische Autorin **Mary Ann Evans** (1819-1880), die sich den männlichen Künstlernamen „George Eliot" gab, um eine ernsthafte Rezeption ihrer Romane sicherzustellen. Das zu einer Zeit, in der Autorinnen für gewöhnlich mit dem wenig angesehenen Genre Romanze assoziiert wurden.

Ebenso veröffentlichte **Charlotte Brontë** (1816-1855) *Jane Eyre* (1847) unter dem Pseudonym „Currer Bell", und ihre Schwester **Emily Brontë** (1818-1848) veröffentlichte ihren einzigen Roman *Sturmhöhe* (1847) unter dem Künstlernamen „Ellis Bell".

Woolfs Intervention bereitete den Weg für eine Neufestlegung der diskursiven Grenzen der kritischen Tradition, des Kanons, und half dabei, ein kulturelles und intellektuelles Milieu zu schaffen, in dem weibliche Autorenstimmen wiedergefunden und studiert werden konnten.

Ihre eigenen kritischen Schriften waren einem breiteren sozialen und politischen Wandel verpflichtet. *Ein Zimmer für sich allein* erschien einige Jahre, nachdem die Kampagne der Suffragetten für das Frauenwahlrecht allmählich Einfluss auf das öffentliche Bewusstsein gewann.

Woolfs Ansatz in der Literaturtheorie ist dementsprechend eines der wichtigsten frühen Beispiele von **feministischer Theorie** (s. S. 135 ff.), obwohl ihr Beitrag zur Literaturkritik und kritischer Theorie nicht allein darauf reduzierbar ist.

Ein Zimmer für sich allein basierte auf Vorlesungen, die Woolf im Oktober 1928 in Newnham und Girton hielt, zwei Colleges in Cambridge, die zu ihrer Zeit Frauencolleges waren, Newnham ist es bis heute.

Woolfs Protagonistin Mary Beton besucht die imaginäre Universität Oxbridge und das britische Museum, wo sie auf viele Spuren von männlicher Privilegiertheit und patriarchalischem Vorurteil stößt. Die Einleitung des Buchs enthält eine bemerkenswerte Erkenntnis:

Unabhängigkeit blieb problematisch, weil sich finanzielle Unabhängigkeit nur Frauen einer bestimmten Schicht leisten konnten. Mary Beton, ihr Beispiel, bekam einen Nachlass von 500 Pfund pro Jahr, den ihre Tante ihr vermachte. Ihr erschien das wichtiger als der Parlamentsbeschluss, der Frauen das Wahlrecht gewährte.

Auffällig ist vielleicht auch, dass die Mehrheit der bisher besprochenen Autoren, vielleicht mit Ausnahme von Samuel Johnson, Plato und Aristoteles, primär für ihre Werke als Dichter, Romanautoren und Dramatiker erinnert (und studiert) werden. Ihre hier behandelten literaturtheoretischen Schriften kann man als reines Nebenprodukt ihres breiteren Oevres* sehen, wenn da nicht der Fakt wäre, dass diese Schriften zusammengenommen ein wichtiges Genre für sich selbst bildeten.

Die kurze Skizze hier in diesem Buch stellt einige wichtige Konturen der Entwicklung der Literaturtheorie vor, die oft genug Teile polemischer und feindseliger Einmischungen in viel größere kulturelle und literarische Debatten und Kontroversen waren.

Konzepte des 20. Jahrhunderts: Drei Arten von Formalismus

Im Gegensatz dazu sind die nun folgenden Schriftsteller hauptsächlich als Literaturtheoretiker bekannt (und studiert), obwohl einige von ihnen auch dichterisch tätig waren. Sie waren Schlüsselfiguren bei der Verankerung von Literaturtheorie als akademischem Fach im frühen 20. Jahrhundert. Die drei theoretischen Strömungen, die hier vorgestellt werden, sind keine homogene Gruppe, aber ihre gemeinsame Schwerpunktsetzung auf die Eigenart des literarischen Texts statt auf sein Umfeld und das genaue Augenmerk auf die Form verorten sie gemeinsam in der großen Familie des Formalismus.

Practical Criticism (Praktische Kritik)

„Practical Criticism" ist eine Methode, um Texte zu interpretieren und zu hinterfragen. Sie wurde von **I.A. Richards** (1893-1979) und Kollegen im Fachbereich für Englisch in Cambridge in den 1920er und 1930er Jahren entwickelt. Der Fachbereich war vergleichsweise jung (1911 eingerichtet), was seinen Mitgliedern erlaubte, neue Ansätze in der Literaturwissenschaft zu entwickeln.

„Practical Criticism" umfasst „Close Reading" (präzises Lesen) der „Wörter auf der Seite", von weiteren kontextuellen und historischen Informationen abstrahierend - eine Methode des Lesens, die die gewissenhafte Ausrichtung auf technische Aspekte wie Form, Rhythmus und Stil verstärkt.

Richards umriss die Leitprinzipien in *Practical Criticism: A Study of Literary Judgement* (1929), wo er eine Reihe von „Experimenten" schildert, bei denen Studenten und andere interessierte Teilnehmer Gedichte kommentieren sollten, die ihnen ohne Hinweis auf den Autor präsentiert wurden.

Das Material war anonym gehalten, um eine freiere Rückäußerung zu provozieren. Die Ergebnisse der „Experimente" waren oft überraschend: Ein kanonischer Dichter wie zum Beispiel **John Donne** (1572-1631) wurde für sein Holy Sonett VII *Blast an des runden Erdballs angedachten Ecken*, veröffentlicht 1633, gerügt.

Richards registrierte Standardantworten, Sentimentales, Gehemmtheit und grundlegendes Unverständnis unter den vielen Irrtümern, denen seine willigen Versuchskaninchen unterlagen. Ihre Überlegungen zitiert er durchaus mit sarkastischem Vergnügen und ironischer Rüge.

Richards' Methode beanspruchte empirische und **wissenschaftliche Objektivität**. Sie erinnert an Eliots Behauptung einer „Depersonalisierung" als einen Prozess, durch den Kunst beanspruchen kann, sich der Voraussetzung von Wissenschaftlichkeit zu nähern. Aber das Ausmaß, mit dem Richards bewusst oder unbewusst die Antworten seiner Teilnehmer lenkte, bleibt ein Streitpunkt. Ein Anthropologe würde es als Problematik der teilnehmenden Beobachtung beschreiben.

Der Anspruch von Literaturwissenschaftlern wie Richards auf wissenschaftliche Objektivität konnte auch als unbewusste Sorge einer vergleichsweise jungen akademischen Disziplin verstanden werden, sich Anerkennung durch die Nachahmung von Methoden schon etablierter Fächer in den Naturwissenschaften zu verschaffen.

Die aktuelle Wende in Literaturwissenschaften hin zu Kognitionswissenschaften (darunter Neurowissenschaften) kann im Licht von Richards' Versuch gesehen werden. Dieser Trend ist allerdings zumindest teilweise durch das Gerangel um begrenzte öffentliche Mittel motiviert, bedingt durch ein System, das den sofort sichtbaren sozialen Nutzen von Wissenschaft priorisiert.

*Versfuß mit variabler Anzahl von Silben

Richards' *Prinzipien der Literaturkritik* (1924) ist ein weiterer wichtiger Versuch, das Studium der Literatur zu **systematisieren**. Richards bespricht Konzepte wie Ironie und Harmonie und bietet Unterscheidungsmöglichkeiten zwischen poetischer und anderen Arten von Sprache an.

William Empson (1906-1984), ein ehemaliger Mathematikstudent, wurde Richards' Schüler im Fachbereich Englisch in Cambridge. Empsons *Seven Types of Ambiguity* (*Sieben Arten der Mehrdeutigkeit*) (1930) war ein wegweisendes Beispiel der Arbeitsweise des „Close Reading" (oder der kritischen Praxis der praktischen Kritik).

Diese sieben Arten der Mehrdeutigkeit entstehen, wenn:

1. Ein Detail auf mehr als einem Weg Wirkung zeigt.
2. Zwei oder mehr verschiedene Bedeutungen zu einer verschmelzen.
3. Zwei offensichtlich unverbundene Bedeutungen gleichzeitig vorgegeben werden.
4. Verschiedene Bedeutungen verschmelzen, um einen komplizierten Geisteszustand des Autors auszudrücken.
5. Ein glücklicher Verwirrungszustand: Der Autor entwickelt seine Idee mitten im Schreiben oder hat die Idee noch gar nicht ganz im Kopf.
6. Das Gesagte ist widersprüchlich oder irrelevant, und der Leser ist gezwungen, selbst Interpretationen zu erfinden.
7. Der Geist des Autors ist gespalten, sodass er uns komplett Widersprüchliches anbietet.

Ein anderer einflussreicher Vertreter des „Practical Criticism" war **F.R.Leavis** (1895-1978). Leavis legte den Schwerpunkt seiner Arbeit auf Kritik als moralische Tätigkeit (also mehr als nur Wörter auf einer Seite). Aus diesem Grund wird er manchmal mit Matthew Arnold verglichen.

Sein Buch *The Great Tradition* (1948) versuchte, die Hauptschriften des englischen Literaturkanons zu identifizieren. Diesen Kanon zu dokumentieren ist eine notwendig aussondernde und daher problematische Aufgabe.

Leavis war kritisch gegenüber viktorianischer Poesie eingestellt, die er vom Kanon ausschloss, und lokalisierte stattdessen den Hauptstrom der englischen Dichtung auf einer durchlaufenden Linie mit Donne, Pope, Johnson und T.S. Eliot. Auch Milton flog dabei raus. In der Prosa wurde für Leavis die Tradition verkörpert in den Schriften von **Jane Austen** (1775-1817), **George Eliot, Henry James** (1843-1916) und **Joseph Conrad** (1857-1924).

In den 1950ern brach ein Streit zwischen Leavis und dem Oxforder Gelehrten **F.W. Bateson** (1901-1978) aus. Bateson war Gründer und Herausgeber der Zeitschrift *Essays in Criticism*, während Leavis der Zeitschrift *Scrutiny* (Prüfung) verbunden war. Ihre Auseinandersetzung machte die scharfe Kluft über die Methoden der qualitativen Einordnung literarischer Werke deutlich.

Bateson vertrat einen rigorosen Ansatz, der in universitärem Wissen gründete, das, so dachte er, zu einem „objektiven" (und daher verbindlichen) Urteil führen könnte. Leavis antwortete darauf mit dem Hinweis, dass die Beziehung zwischen Gedicht und „sozialem Kontext" nicht so geradlinig ist.

Heute ist „Practical Criticism" eine Arbeitsweise, die alle Studenten der Literaturwissenschaften im Verlauf ihres Studiums benutzen. „Close Reading" von Texten ist die Grundlage jeder literarischen Interpretation, wenngleich viele Studenten (und professionelle Kritiker) es heute kaum als Basis für weiterreichende Überlegungen nutzen.

„Practical Criticism" kann als Ausgangspunkt für eine kritische Lektüre eines literarischen Werks gesehen werden, das zu einer weiteren Menge von Methoden gehört, die auch kontextuelles, theoretisches und interdisziplinäres Material berücksichtigen.

New Criticism

Eliots und Richards' Einfluss verbreitete sich in die USA und etablierte dort eine wissenschaftliche Schule, die amerikanische Universitäten bis in die 70er Jahre des 20. Jahrhunderts beherrschte.

Der „New Criticism", wie diese Schule genannt wurde, bezieht sich auf eine spezielle (ideologische) Weise, Texte zu lesen. Eine Art Formalismus, der die Vorzüge des „Close Reading" betonte und eine ästhetische Haltung unterstützte, die sich einem Gedicht als in sich geschlossenem Objekt annähert, statt in ihm einen Ausdruck von äußerem historischem oder biografischem Material zu sehen. Viele Anhänger der Bewegung übernahmen die theoretischen Prinzipien, denen sie in Richards' Schriften begegnet waren.

Die Bewegung nahm in den 1930ern an Tempo auf, aber erst 1941 veröffentliche **John Crowe Ransom** (1888-1974) *The New Criticism*, eine kritische Auseinandersetzung mit den Schriften von Eliot, Richards und Empson.

An der Vanderbilt Universität stieß Ransom auf **Cleanth Brooks** (1906-1994), **Allen Tate** (1899-1979) und **Robert Penn Warren** (1905-1989). Diese informelle Gruppe von „New Critics", manchmal die „Southern Agrarians" (Süd-Agrarier) genannt, unterstützte die weitgehend traditionellen Wertvorstellungen des „Alten Südens" (Old South) gegen den industriellen Impuls des Nordens. Brooks und Warren gründeten 1935 *The Southern Review*, eine Zeitschrift, die zum wichtigen Sprachrohr des „New Criticism" wurde.

Brooks' Essaysammlung *The Well-Wrought Urn*, Studien zur Struktur von Dichtung, ist wie Empsons *Sieben Arten der Mehrdeutigkeit* ein hochgelobtes Beispiel für die kritische Praxis des „Close Reading". Brooks widersprach energisch der Idee, dass die „Bedeutung" eines Gedichts in Prosa paraphrasiert werden könnte.

Die Prioritätssetzung bei der gründlichen Textanalyse ließ die Beziehung von Dichtung zu realen sozialen und historischen Aktionen gleichgültig wirken. Auch die Figur des Autors wurde in ihrer Bedeutung drastisch reduziert.

1946 verfassten **William K. Wimsatt** (1907-1975) und **Monroe Beardsley** (1915-1985), beide Vertreter des New Criticism, einen Essay, *The Intentional Fallacy* (*Der intentionale Fehlschluss*). Sie argumentierten, dass Wissenschaftler, die nach den Intentionen eines Autors suchten, um damit Literatur zu entschlüsseln, einen irrelevanten und fehlleitenden Weg einschlagen würden, nicht zuletzt weil diese Intentionen für den Wissenschaftler nicht zur Verfügung stehen.

Die Argumentation von Wimsatt und Beardsleys implizierte, den Text als Hauptort der Bedeutung zu betrachten – statt den Autor. Das mag selbst-limitierend und selbst-referentiell wirken, allerdings war für die „New Critics" die Praxis des „Close reading" mit größerem Anspruch an den universalen Status der Bedeutung eines Gedichts verbunden.

Die Rolle des „New Critics" war es, zwischen dem Besonderen und dem Allgemeinen zu vermitteln, zwischen Körper und Geist, um Licht auf die aus der Poesie offenbarenden allgemeingültigen Wahrheiten zu werfen. Dichtung ist eine Verkörperung des „konkreten Universellen", zeitlosen Wahrheiten eine spezifische Form gebend.

Russischer Formalismus

Kurz vor den amerikanischen New Critics entwickelte sich ein anderer Formalismus aus der Arbeit einer Gruppe russischer Literaturwissenschaftler im frühen 20. Jahrhundert.

Die Gruppe bestand aus **Wiktor Schklowski** (1893-1984), **Juri Tynjanow** (1894-1943), **Roman Jakobson** (1896-1982) und **Boris Eichenbaum** (1886-1959), die von der Phänomenologie* des deutschen Philosophen **Edmund Husserl** (1859-1938) beeinflusst waren. Husserls Phänomenologie war eine hermeneutische* Methode, die versuchte, Wissensobjekte als „reine Denkinhalte" zu bestimmen.

Der russische Formalismus erblühte in den Jahren direkt nach der Oktoberrevolution 1917, wurde aber durch den Aufstieg des Stalinismus in den späten 1920ern zum Verstummen gebracht, als der sogenannte „sozialistische Realismus" als kulturelle Richtlinie durchgesetzt wurde. Dies führte zu einer Unterdrückung der Avantgarde und experimentellen Strömungen in Kultur und Literaturwissenschaft.

Formalismus entstand als Teil einer polemischen Auseinandersetzung mit den Symbolisten, für die Dichtung Verkörperung von spirituellen und religiösen Bedeutungen war. Die Formalisten kappten diesen figurativen und verweisenden Bezug und schauten stattdessen auf die Mechanismen der Textkomposition und Arbeitsweisen (zum Beispiel wie **Dostojewski** (1821-1881) in *Die Brüder Karamasow* (1880) Stilmittel des Detektivromans nutzte, um die herrschenden Konventionen des literarischen Realismus zu unterlaufen).

Dies reduzierte den Stellenwert des Autors entscheidend und nahm das „intentionale Fehlschluss-Argument" (s. S. 89) der New Critics vorweg. Der Autor wurde weniger als ein kreatives Genie gesehen, wie im romantischen Modell, sondern mehr als Manipulator der vielfältigen literarischen Konventionen und Mittel. Die Formalisten waren primär an der inneren Funktionsweise eines Textes interessiert statt an äußerem kontextuellem oder biografischem Stoff, aus dem ein Text womöglich entstanden ist.

Die Formalisten wollten weg vom Fokus der Literaturwissenschaft auf die repräsentativen oder mimetischen Aspekte der Literatur als einer Spiegelung der sozialen Realität und wollten die Eigenheit literarischer Sprache bestimmen, die als solche untersucht werden konnte.

Formalistisches Vokabular ist fast naturwissenschaftlich und beschäftigt sich mit Kunst als Mittel oder Funktion, um bestimmte Effekte zu erzeugen. Poetische Sprache existiert getrennt von alltäglicher Sprache, insofern ihr Hauptziel nicht notwendigerweise ist, zu kommunizieren, sondern sie stattdessen nach eigenen Gesetzen operiert und Wirkungen durch die Manipulation von bestimmten Stilmitteln erreicht (z. B. Rhythmus, Wiederholung, Alliteration).

Eine Funktion von poetischer Sprache ist es dann, Leser von ihren alltäglichen, gewohnten Gedankengängen durch den Schock des Neuen zu entfremden. Schklowski erarbeitete das Konzept des Unvertrautmachens oder der Verfremdung (ostranenie) in seinem Essay *Kunst als Verfahren* (1916).

Schklowskis Aussage wiederholt den Ästhetizismus von Pater und Wilde. Andere wichtige Texte der formalistischen Theorie sind Eichenbaums Essay *Die Theorie der formalen Methode* (1926) und die in Schklowskis *Theorie der Prosa* (1925) versammelten Essays.

Vom New Criticism zur Literaturtheorie

In der zweiten Hälfte des 20. Jahrhunderts geriet der New Criticism unter Druck. Seine Methoden hatten sich nach dem Zweiten Weltkrieg als nützliche Werkzeuge im Unterricht für eine höhere Bildung erwiesen, aber diese Entwicklung trug zugleich zu einer politischen und theoretischen Wende in der Literaturwissenschaft in den 1960ern und 70ern bei. Einige der theoretischen Richtungen des 20. Jahrhunderts kann man in übergreifende Strömungen eingruppieren. Wie etwa Poststrukturalismus oder New Historicism. Aber solche Etiketten passen nur teilweise, wie man sehen wird.

In dieser kurzen Einführung müssen wir viele dieser Methodologien und Ansätze als voneinander isolierte Gruppen behandeln.

Eine der auffälligsten Eigenschaften dieser theoretischen Wende ist die Interdisziplinarität, verbunden mit der impliziten Kritik an enger Spezialisierung. Der interdisziplinäre Impuls hat Literaturwissenschaftler ermutigt, sich mit anderen Disziplinen zu beschäftigen, darunter Philosophie und Anthropologie, und hatte oft eine Radikalisierung (und Politisierung) ihres Ansatzes zur Folge. Dies bringt uns zu der Frage zurück, aus was das eigentliche Studienobjekt des Literaturwissenschaftlers besteht.

Einige Leute lehnten theoretische Ansätze ab, aber **Geoffrey Hartman** (1929-2016) meinte:

In vielen der hier beschriebenen theoretischen Strömungen kehrt Repräsentation (oder Mimesis), was bis in Platons und Aristoteles' Schriften zurückverfolgt werden kann, als ein Problem von ideologischer Verbundenheit, Gruppenzugehörigkeit und kritischem Selbstbewusstsein wieder.

Strukturalismus

Der Strukturalismus ist eng verknüpft mit dem Werk des Schweizer Linguisten **Ferdinand de Saussure** (1857-1913). Seine *Grundfragen der allgemeinen Sprachwissenschaft* (1916) wurden aus den Vorlesungsnotizen seiner Studenten rekonstruiert und nach seinem Tod veröffentlicht. Saussures strukturalistische Linguistik besteht aus einem Satz von Thesen über den Aufbau von Sprache entlang bestimmter Regeln, die allerdings oft im Widerspruch zu einzelnen Beispielen des Sprachgebrauchs stehen.

In der wörtlichen Übersetzung unterscheiden die Begriffe zwischen der „Sprache" und dem „Sprechen", was auf eine weitere wichtige Trennung zwischen dem geschriebenen und gesprochenen Wort hindeutet.

Saussure brach mit den **diachronen** Prinzipien, die vorherigen Ansätzen zur Sprachuntersuchung zugrunde lagen (also den historischen Wandel der Sprache zu verfolgen), und vertrat dagegen einen **synchronen** Ansatz: Sprache zu einem bestimmten Zeitpunkt der Geschichte zu betrachten. Dieser synchrone Ansatz erlaube nach seiner Meinung eine gründliche, systematische Untersuchung der Beziehung zwischen *langue* und *parole* zu einer bestimmten Phase in der Entwicklung einer Sprache.

Saussure betrachtete Sprache als ein System von Zeichen und Konventionen über deren Bedeutung. Er argumentierte, dass die Konventionen, die eine Sprache regeln, **arbiträr** (willkürlich) sind.

Es gibt für Saussure keine essentielle Verbindung zwischen „**Signifikant**" (phonetisches Konstrukt) und „**Signifikat**" (mentales Konzept, Bezeichnetes), die zusammengenommen das linguistische Zeichen bilden.

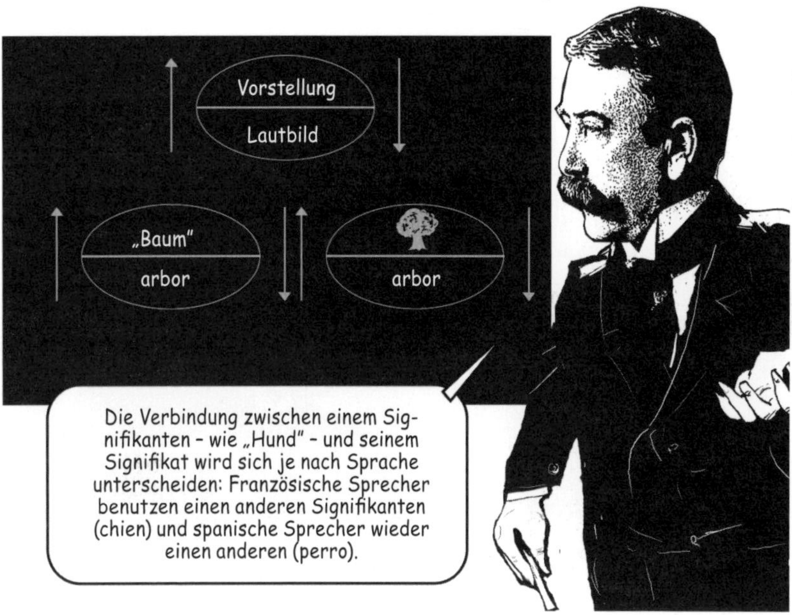

Die Beziehung zwischen Signifikant und Signifikat ist nicht vollständig zufällig – sie ist ein Ergebnis geschichtlicher Entwicklung und sozialer Konvention, aber sie ist arbiträr.

Ebenfalls wichtig ist Saussures Argument, dass Bedeutungen durch Differenz bestimmt werden: Kein Zeichen hat eine Bedeutung ohne seine unterschiedliche Beziehung zu anderen Zeichen. Zum Beispiel bedeutet der Signifikant „Laus" das mentale Konzept eines sechsbeinigen Insekts, weil der Signifikant nicht dem Signifikanten „Maus" oder „Laub" etc. entspricht, und nicht, weil das Wort „Laus" wesentliche oder inhärente Dimensionen des Lausseins enthält. Und zum Signifikanten „Maus": Ist das ein Eingabegerät für Computer oder ein Tier?

Saussures Linguistik impliziert eine Suspendierung der verweisenden Funktion von Sprache: Sie stellt Sprache als in sich geschlossenes, nach gewissen Prinzipien arbeitendes Zeichensystem dar. Bedeutung nähert sie sich eher negativ statt positiv an.

Anwendungen des Strukturalismus

Strukturalistische Linguistik fordert uns auf, zu bezweifeln, ob Sprache direkt auf die Welt und die Dinge in ihr verweisen kann.

Saussure stellte Sprache deswegen als ein in sich geschlossenes System dar. Seine Linguistik beeinflusste Entwicklungen in einer Anzahl anderer Disziplinen, wie Anthropologie, Psychoanalyse, Philosophie und Literaturwissenschaft. Zum Beispiel nutzte der Anthropologe **Claude Lévi-Strauss** (1908-2009) die strukturalistische Methodik für seine ethnographischen Studien von Mythos und Ritual. Darin versuchte er, die normativen Muster oder die Grammatik zu finden, die die strukturelle Basis dieser kulturellen Phänomene bildeten.

Der französische Strukturalismus startete in den 1950ern und 1960ern teilweise als Weiterentwicklung des russischen Formalismus. Der wissenschaftliche Impuls des frühen Formalismus wurde in den strukturalistischen Versuch übertragen, die systematischen Regeln von linguistischen und literarischen Phänomenen zu bestimmen. Dazu sollten die darunterliegenden (und universellen) Strukturen des Bewusstseins, die solche Phänomene entstehen ließen, kartiert werden.

Für die Literaturwissenschaft bot ein solcher Ansatz eine Möglichkeit, Texte als Ausdrucksweisen (oder Symptome) eines größeren Systems zu betrachten, das umrissen werden konnte.

Diese Methodik bot sich besonders gut bei Genrestudien an, die manchmal als übermäßig schematisch oder unaufmerksam für das Einzigartige individueller literarischer Werke bekrittelt wurden. Die Zusammenführung von Lévi-Strauss' Schriften über Mythen und Vladimir Propps Studien über Märchen *Morphologie des Märchens* (1928) half, die benachbarte Disziplin der Erzähltheorie (Narratologie) voranzubringen.

Spätere Entwicklungen in Narratologie sind mit den Arbeiten der französischen Literaturwissenschaftler **Roland Barthes** (1915-1980), **Tzvetan Todorov** (1939-1970) und **Gérard Genette** (geb.1930) verbunden. Todorovs ***Typologie des*** *Kriminalromans* in *Poetik der Prosa* (1971) veranschaulicht einen genre-basierten strukturalistischen Versuch, die rohen „Daten" literarischen Materials zu klassifizieren und erläutern.

Saussures Arbeit öffnete ein Feld der Möglichkeiten, das erlaubte, die (unterstellt naive) Auffassung von literarischem Realismus infrage zu stellen.

Statt anzunehmen, dass ein literarischer Text einfach eine soziale Wirklichkeit spiegelt oder wiedergibt – was die gängige Meinung der traditionellen Theorie über den realistischen Roman des 19. Jahrhunderts war –, konnte man solche Texte auch als Teil eines Netzwerks von Zeichen gebenden Konventionen und verweisenden Referenzen zu anderen geschriebenen Werken sehen.

Barthes' frühere Werke, darunter *Mythen des Alltags* (1957) und *Einführung in die strukturale Analyse von Erzählungen* (in: *Das semiologische Abenteuer*, 1988) haben einen erkennbaren strukturalistischen Schwerpunkt in der Analyse von Popkultur als einem Zeichensystem.

Die strukturalistische Aufhebung der referentiellen Funktion von Sprache veranlasste andererseits einige Denker dazu, das Gegenteil zu untersuchen: die Arten, in denen soziale Wirklichkeit selbst durch Sprache konstruiert wird (manchmal „linguistische Wende" genannt).

Der französische Historiker **Michel Foucault** (1926-1984) untersuchte, wie bestimmte **Diskurse*** Machtordnungen festigten. Seine Bücher *Geschichte des Wahnsinns* (1961) und *Sexualität und Wahrheit: Der Wille zum Wissen* (1976) zeigen, wie diese Diskurse soziale Praktiken der Kontrolle und Herrschaft legitimierten.

Ein eindeutiges Beispiel von Foucaults Einfluss auf die Literaturwissenschaft ist sein Essay *Was ist ein Autor?* (1969), in dem er die Entwicklung der Autorfunktion über einen langen Zeitraum skizziert. Dabei legt er offen, wie die Idee, was einen Autor ausmacht, – oft als zeitlos oder unveränderlich betrachtet – sich je nach historischem Kontext unterscheidet.

Vom Strukturalismus zum Poststrukturalismus

In den späten 1960ern wurden einige der zentralen Annahmen der strukturalistischen Methodik von vielen Seiten kritisiert. Diese Bewegung wurde dann unter dem Namen Poststrukturalismus zusammengefasst.

Viele der Denker, die heute dem Poststrukturalismus zugeordnet werden, blieben den Erkenntnissen von Saussures Linguistik verpflichtet, wollten aber in kritischer Absicht den Spielraum seiner Möglichkeiten vergrößern.

Der französische Philosoph Jacques Derrida erweiterte Saussures Konzept der linguistischen Differenz etwas verspielt, indem er es als „différance" umformulierte. Dieses Wortspiel kombiniert die Bedeutungen „unterscheiden" und „verschieben", womit nicht nur vorgeschlagen wird, dass Bedeutung negativ durch einen Prozess linguistischer Unterscheidung bestimmt wird, wie Saussure meinte, sondern auch:

Derridas Vortrag seines Essays *Die Struktur, das Zeichen und das Spiel im Diskurs der Wissenschaft vom Menschen* 1966 in Baltimore wird oft als der Moment beschrieben, in dem Poststrukturalismus erstmals als Infragestellung der bisherigen Thesen der strukturalistischen Theorie auf die Bühne trat.

Derrida lehnt das Vokabular des Strukturalismus nicht grundlegend ab, sondern versucht stattdessen, die Neutralisierung seines radikalen Potenzials zu vermeiden.

Derridas Essay war Teil einer vielstimmigen Kritik am vorherrschenden Logozentrismus der westlichen philosophischen Tradition. **Logozentrismus** hat seinen Namen von Logos (das Wort Gottes) und verweist auf eine hermeneutische Tradition, die auf der Suche nach absolutem Sinn, Autorität, Ursprung und Teleologie beruht. Er ist verankert in der Annahme, dass Sprache und Wirklichkeit sich transparent gegenüberstehen – dass nichts im Übergang zwischen den Wörtern und der Realität, die sie repräsentieren sollen, verloren geht. Eine solche Annahme tendiert dazu, zu ignorieren, wie linguistische Bedeutung ausrutschen und von sich selbst weggleiten kann.

Derridas Kritik am Logozentrismus wird dagegen oft als das Hochjubeln von Unbestimmtheit, interpretativer Spielerei und Mehrdeutigkeit gesehen. Seine *Grammatologie* (1967) liefert eine nachhaltige Befragung oder **Dekonstruktion** der Arbeiten von Saussure und Lévi-Strauss, und *Die Schrift und die Differenz* (1967) enthält Essays über Hegel, Freud und Foucault.

Roland Barthes' Essay *Der Tod des Autors* (1967) markierte seinen Bruch mit dem Strukturalismus, der in einer radikalen Infragestellung traditioneller Beschreibungen menschlicher Subjektivität gipfelte. In dem Essay argumentiert Barthes:

Barthes verortete den Autor als Wirkung statt als Ursache eines Diskurses. Autoren produzieren keine Texte, Texte „produzieren" Autoren. Barthes betonte seine Verbundenheit mit Saussure, indem er bemerkte: „Linguistik hat vor Kurzem die Zerstörung des Autors ermöglicht mit einem nützlichen analytischen Werkzeug, durch das sie zeigte, dass das Ganze der Artikulation ein leerer Prozess ist."

Seine Argumente greifen auch die Derridas auf, insofern Barthes die Figur des „Autors" in der traditionellen Theorie als Mittel zur Begrenzung interpretativer Möglichkeiten ausmachte. Wissenschaftler würden ermutigt, nach einer einzigen, theologischen Bedeutung zu suchen: der Botschaft des „Autor-Gotts".

Barthes war daran interessiert, den Text von der Zwangsjacke der traditionellen Theorie zu „befreien" und dadurch eine Verbreiterung von Interpretationsmöglichkeiten zu erlauben.

Weitere den Strukturalismus überwindende Denker waren **Julia Kristeva** (geb. 1941), **Luce Irigaray** (geb. 1930), **Jean-François Lyotard** (1924-1998) und **Jean Baudrillard** (1929-2007). Diese intellektuelle Strömung ist erwähnenswert wegen ihrer bilderstürmenden Infragestellung der „großen Erzählungen" wie Humanismus und Marxismus. Lyotards *Das postmoderne Wissen* (1979) war darauf ausgerichtet, die Behauptungen dieser Metanarrationen und ihren Anspruch auf Allgemeingültigkeit zu zerstören. Er sah den Rationalismus der Aufklärung als Zwangsmaßnahme an – inklusive aller politischen und philosophischen Traditionen, die aus ihm herrührten.

Marxistische Literaturtheorie

Marxistische Theorie und Praxis ist zunächst und vor allem eine strategische Orientierung und kritische Methodologie, deren Ziel die Veränderung des kollektiven sozialen Lebens ist. Marxisten streben nach der Ablösung der kapitalistischen Produktionsweise. Anders als liberale und konservative Denker, die den Kapitalismus trotz seiner großen Ungerechtigkeit und Ungleichheit eher noch als beste der möglichen Welten sehen, ist für die von Karl Marx (1818-1883) und der sozialistischen Traditionslinie beeinflussten Denker Kapitalismus nur eine instabile Phase in der vorwärtsschreitenden Entwicklung der menschlichen Geschichte.

Marxisten untersuchen die Wege, auf denen die ökonomische Organisation der kapitalistischen Gesellschaft, die sich an Wettbewerb und Ausbeutung orientiert, soziale und Klassengegensätze erzeugt. Dieser Zustand führt zu Klassenkämpfen, die aber kein vorbestimmtes Ergebnis haben, weshalb menschliche Aktivität und Intervention wichtig sind.

Marx' historische Sicht auf die kapitalistische Gesellschaft hat marxistische Literatur- und Kulturwissenschaftler häufig besonders für die Dimension Historizität (historische Authentizität oder Aktualität) von literarischen Formen und Genres sensibilisiert. Wenn heute niemand mehr so wie Homer schreibt, dann hat das genauso viel, wenn nicht mehr, mit dem geschichtlichen Wandel der sozialen und ökonomischen Strukturen zu tun wie mit den individuellen Launen einzelner Autoren.

Homers Epen etwa setzen Kenntnis der mythischen Erzählungen voraus, die zur kulturellen Atmosphäre der griechischen Antike gehörten. Aber das fühlt sich Mitte des 19. Jahrhunderts fehl am Platz an.

Wenn literarische Texte ihr Material, die historischen und sozialen Produktionsbedingungen widerspiegeln, dann werden Thesen über die Fähigkeit der Literatur, zeitlose Wahrheiten des Menschseins abzubilden, wackelig – nicht zuletzt, weil für Marxisten auch das „Menschsein" selbst eine historische Konstruktion ist.

Die Schriften von Karl Marx und **Friedrich Engels** (1820-1895) beschäftigten sich hauptsächlich mit Wirtschaft, Politik und Philosophie. Nur fragmentarisch kommentierten sie Kunst und Literatur und arbeiteten keine systematische ästhetische Theorie aus. Marxistische Literaturtheorie als solche wurde erst durch eine weit gefächerte Gruppe von Schriftstellern entwickelt, die sich von Marx' Ideen beeinflusst, aber nicht verpflichtet fühlten.

Marx' Denken war bewusst oppositionell nicht zuletzt, weil: „Die herrschenden Ideen einer Zeit waren stets nur die Ideen der herrschenden Klasse", wie er in *Das Kommunistische Manifest* stichelte. Dementsprechend fokussiert sich marxistische Literaturwissenschaft auf Themen wie etwa die Rolle der Literatur als eine Form ideologischer Reproduktion in der kapitalistischen Gesellschaft und den Status von literarischen Werken als kulturelle Ware.

Für die meiste Zeit des 20. Jahrhunderts wurde marxistische Theorie mit dem „vulgären" sowjetischen Stil von Literaturtheorie gleichgesetzt. Diese engte die Betrachtung auf eine ideologische Analyse des Inhalts literarischer Werke ein und ordnete damit Ästhetik der Politik unter.

Nach dem Sieg der Bolschewiken in der Russischen Revolution wurde in den späten 1920ern die Theorie und Praxis des sogenannten sozialistischen Realismus zur politischen Richtlinie. Von sowjetischen Künstlern und Schreibern wurde verlangt, erbauliche Darstellungen vom Aufbau des Sozialismus in der UdSSR abzuliefern.

Leo Trotzki (1879-1940) artikulierte in *Literatur und Revolution* (1924) eine weniger bevormundende Ansicht:

Trotzki kritisierte auch die russischen Formalisten wegen ihres „verkommenen Idealismus":

Ein auffälliger Wesenszug des sozialistischen Realismus war seine Feindseligkeit gegen alle Formen von künstlerischem Modernismus und ästhetischem Experimentieren. Vieles von der literarischen Theorie des ungarischen Marxisten **Georg Lukács** (1885-1971) bestand aus polemischen Attacken gegen den als subjektivistisch wahrgenommenen Modernismus.

Lukács lieferte in seiner vor-marxistischen Arbeit *Die Theorie des Romans* (1916) eine sehr feinsinnige Würdigung des Romans. Vieles in seinen späteren Werken betraf ebenfalls den Roman. Seine Betrachtung zeitgenössischer Schriftsteller, insbesondere des Deutschen **Thomas Mann** (1875-1955), waren von dem Versuch geleitet, den Realismus des 19. Jahrhunderts für ein Modell literarischen Schaffens und sozialer Kritik in den krisenhaften Verhältnissen Mitte des 20. Jahrhunderts fruchtbar zu machen.

Der Realismus war Lukács' bevorzugte Epoche. Seine Verteidigung des Realismus ist verbunden mit seinen Konzeptionen von Reflexion und Charakterisierung. Realistische Literatur liefert nach Lukács einen Spiegel der komplexen Totalität des sozialen Lebens mit Figuren, die weltgeschichtliche Bedingungsgefüge typisieren.

Seine Studie des Romans des 19. Jahrhunderts war gekennzeichnet durch eine sympathisierende Beschäftigung mit den kritischen Erkenntnissen über das bürgerliche kulturelle Erbe. Er entwickelte diese Ideen in Büchern wie *Der historische Roman* (1937) und *Deutsche Realisten des 19.Jahrhunderts* (1951). In diesen Arbeiten folgte Lukács teilweise Engels' fragmentarischen Kommentaren über Realismus als Genre, die dieser in einem Brief von 1888 an die englische Autorin **Margaret Harkness** (1854-1923) festhielt:

In den 1930ern debattierte Lukács mit einer Anzahl anderer deutscher marxistischer Kritiker über die Natur des Realismus, darunter **Walter Benjamin** (1892-1940), **Ernst Bloch** (1885-1977) und **Theodor Adorno** (1903-1969). Benjamins Schriften über das Brecht'sche Theater (*Versuche über Brecht*) bilden bis heute einen Höhepunkt der marxistischen Kulturtheorie, ebenso wie sein Essay über *Das Kunstwerk in Zeiten der technischen Reproduzierbarkeit* (1936).

Benjamin war lose mit der Gruppe „Frankfurter Schule" assoziiert, ein Name der für große Denker wie Adorno, **Max Horkheimer** (1895-1973) und **Herbert Marcuse** (1898-1979) steht. Sie entwarfen, auf Marx und Freud aufbauend, ein Theoriegebäude („Kritische Theorie") der spätkapitalistischen Gesellschaft. Mit Beginn der Nazi-Diktatur musste die Frankfurter Schule in die USA emigrieren, wo ihre Hauptdenker auch unter erschwerten Bedingungen mit der Arbeit an einer Kritik der „Kulturindustrie" und den gleichmachenden Wirkungen der Massenkultur weitermachten. In der 68er-Bewegung gewann die Frankfurter Schule noch einmal große Bedeutung.

In seinem Buch *Marxism and Form* (1971) machte der amerikanische Marxist **Fredric Jameson** (geb. 1934) die Werke wichtiger Denker der westlichen marxistischen Tradition in der anglophonen intellektuellen Welt bekannt. Bei seinem Entwurf einer dialektischen* Theorie der Literaturgeschichte stützte sich Jameson auf die Werke von sechs europäischen Marxisten – Adorno, Benjamin, Marcuse, Bloch, Lukács und Sartre.

In seinen jüngeren Werken hat Jameson sich auf den Postmodernismus als kulturelle Logik der spätkapitalistischen Gesellschaft und die Ausdrucksformen utopischer Impulse in der modernen Kultur konzentriert. An anderer Stelle hat Jameson seine Verbundenheit zum Historizismus unterstrichen.

Der britische Marxist **Terry Eagleton** (geb. 1943) erinnerte die Leser in seiner Einführung in Marxismus und Literaturtheorie (*Marxism and Literary Criticism*, 1976):

Dieser offen politische Standpunkt ist charakteristisch für die marxistische Theorie. Eagleton würde auch bereitwillig seine Beeinflussung durch die Schriften von **Raymond Williams** (1921-1988) einräumen. Zentral in Williams' und Eagletons wissenschaftlichen Schriften war die Ablehnung eines reduzierenden Blicks, der eine deterministische (oder kausale) Beziehung zwischen ökonomischer „Basis" und kulturellem „Überbau" sieht. Diese Sichtweise riskiert es, kulturelle Produktion als einfache Spiegelung ökonomischer Kräfte zu sehen, und übersieht ihre dynamische Rolle in der ideologischen Produktion.

Psychoanalyse

Das Werk von **Sigmund Freud** (1856-1939) legte den Grundstein für die Psychoanalyse als eine Methode zur Behandlung psychischer Störungen, die Patienten dazu brachte, sich mit verdrängten Ängsten zu konfrontieren, die oft in der Interaktion zwischen bewussten und unbewussten Elementen der Psyche sichtbar werden. Psychoanalyse wird häufig auch als „Redekur" assoziiert.

Freuds „Entdeckung" des Unbewussten – besonders seine Forschungen zu dessen Arbeitsweise vermittels der Traumdeutung – hatte wichtige Folgen für unser Verständnis des menschlichen Bewusstseins und der Subjektivität. Freuds Psychoanalyse deutet auf eine Unzahl von versteckten oder „verdrängten" Motivationen für das menschliche Verhalten hin, das Eintracht und Kohärenz des bürgerlichen Subjekts unterläuft.

Man kann eine Parallele zwischen psychoanalytischen Entwürfen der menschlichen Subjektivität und marxistischer Kritik an der Klassengesellschaft sehen, weil „Verdrängung" eine wichtige Rolle in beiden Theorien spielt.

Freuds psychoanalytische Schriften haben oft die Form von Fallstudien, in denen das neurotische Verhalten einzelner Individuen analysiert wird. Er nutzte aber auch literarische Texte als Quelle für eine psychoanalytische Deutung. Zum Beispiel ist Freuds Essay *Das Unheimliche* (1919) entlang der Erzählung *Der Sandmann* (1816) von **E.T.A. Hoffmann** (1776-1822) organisiert. In dem Essay interpretiert er die Angst, seine Augen zu verlieren – ein Dauermotiv in Hoffmanns Geschichte –, als symbolische Manifestation der Kastrationsangst, verbunden mit ödipaler Schuld.

Freud verwendete literarische Beispiele auch, um seine Theorien der menschlichen Subjektivität zu formulieren. Ganz berühmt wurde das mit der Erzählung von Ödipus – die man aus der antiken Mythologie und Sophokles' *Ödipus Rex* kennt. Darauf basierte seine Theorie vom Ödipuskomplex, die zentral für Freuds Sichtweise des menschlichen Daseins war.

Freud bestimmte die grundlegenden Elemente dessen, was er später als „Komplex" charakterisieren sollte, in einem Brief an seinen zeitweiligen Weggefährten **Wilhelm Fließ** (1858-1928) mit einer aufsehenerregenden Selbstbeschreibung:

Er überlegte, ob der Ödipuskomplex Shakespeares *Hamlet* erklären könnte. Nach Freud stammt Hamlets Zögern bei der Ermordung seines Onkels Claudius (der Hamlets Vater ermordete und dessen Frau heiratete) aus seinem unbewussten Wissen darüber, dass er dieselben Triebe wie Claudius hat, nämlich seinen Vater zu töten und seine Mutter zu besitzen.

Literarische Texte blieben eine Quelle theoretischer Erkenntnis für spätere psychoanalytische Denker, die Freuds Werk in neue Richtungen weiterentwickelten. Beispielsweise untersuchte der französische Psychoanalytiker **Jacques Lacan** (1901-1981) die Detektivgeschichte *Der entwendete Brief* (1844) – ein kurzer Text des amerikanischen Autors **Edgar Allan Poe** (1809-1849) – in zwei Seminaren: Seminar zu *Der entwendete Brief* (1956) und *Das Beispiel des Briefs im Unbewussten oder Vernunft seit Freud* (1957). Beeinflusst von strukturalistischer Linguistik meinte Lacan, dass Manifestationen des Unbewussten (wie Träume oder neurotische Symptome) interpretiert werden könnten, als seien sie Texte.

Es gibt die weit verbreitete Meinung, dass die psychoanalytische klinische Praxis – die sich um die Beziehung zwischen Patienten und Analysten dreht – strukturell die Praxis literarischer Interpretation spiegelt, in der der Wissenschaftler (oder Analyst) latente Bedeutungen aus einem manifesten Inhalt eines literarischen Werks (oder eines Patienten) hervorlockt.

Allgemeiner gesagt bietet die Psychoanalyse eine Sichtweise über menschliche Subjektivität, die das Konzept von einem zentrierten, rationalen und denkenden Subjekt, für das Denken ein transparentes Medium ist, durcheinanderbringt. Freuds „Entdeckung" des Unbewussten erschütterte die Fundamente der kartesischen Subjektivität („Ich denke, also bin ich"). Es zerbrach die Verbindung zwischen Denken und Sein oder zwischen der inneren Welt des Subjekts und der äußeren Welt der Erscheinungsbilder und Handlungen.

Das veranlasste Literaturwissenschaftler, sich dem Problem der **Intention eines Autors** anders anzunähern. Nimmt man an, eine Intention ist unbewusst vorhanden und kein simples Statement, wird ein hermeneutischer Zugang benötigt, der Aussagen als symptomatische statt expressive Äußerungen behandelt und nicht naiv von einer transparenten Beziehung zwischen Autor und Text oder Aussage und Intention ausgeht.

Fragen der Erzählperspektive in einem realistischen Roman oder Strategien der Selbstrepräsentation in einem Gedicht erscheinen in einem anderen Licht, wenn wir nicht länger sicher davon ausgehen können, dass das menschliche Bewusstsein direkt erfassbar ist.

Die Erkenntnisse der psychoanalytischen Theorie speisten die Arbeit einer ganzen Reihe von Literaturtheoretikern des 20. Jahrhunderts. In einem Essay, der erstmals 1977 in einer Sonderausgabe der Yale French Studie zu Literatur und Psychoanalyse erschien, las **Shoshana Felman** (geb. 1942) Henry James' *Die Drehung der Schraub* (1898) – vordergründig eine Geistergeschichte – als eine psychologische Fallstudie einer Neurose, indem sie Momente der linguistischen Mehrdeutigkeit aufspürte, die auf Interpretationsmöglichkeiten innerhalb des Textes hinwiesen.

Felman bezog sich auf Edmund Wilsons Argumention in *The Ambiguity of Henry Jame* (1938), dass nämlich James' Erzählung eine aus sexueller Unterdrückung entstandene Neurose einer jungen Gouvernante beschreibt.

Die Erkenntnisse der Psychoanalyse halfen dabei, zu erschließen, wie genau solche Mehrdeutigkeiten tief im menschlichen Bewusstsein eingebettet sind.

Einige Varianten von Historicism

Historicism, also der historische Blick auf Literatur, kann bis zu dem italienischen Philosophen **Giambattista Vico** (1668-1774) und dem deutschen Philosophen und Dichter **Johann Gottfried Herde** (1744-1803) zurückverfolgt werden. Ihr Historizismus beeinflusste später auch Denker wie **G.W.F. Hegel** (1770-1831) und Karl Marx. Der geschichtliche Blick auf Arbeiten antiker Schriftsteller und Theoretiker bezweifelt eine einheitliche Grundlage von Beurteilungen über alle Zeiten und Orte hinweg und konzentriert sich stattdessen auf das Spezifische eines Kontexts und einer historischen Periode (eine Art von Relativismus*).

Diese geschichtliche Denkweise – die mit der Ansicht konform geht, dass Wissen selbst historisch bedingt ist – war bestimmend für den Großteil des 18. und 19. Jahrhunderts.

In den 1980ern prägte der amerikanische Literaturwissenschaftler **Stephen Greenblatt** (geb. 1943) den Begriff „New Historicism", um seine Forschung zum Elisabethanischen Drama zu beschreiben. Der Begriff tauchte 1982 erstmals in seiner Einleitung für eine Sammlung von Essays auf, deren Herausgeber er war. Die Mehrheit der Wissenschaftler des New Historicism konzentriert sich auf die Renaissance.

New Historicism kann zum Teil als Rückkehr zu einer historischen Lesart verstanden werden, als Reaktion auf den New Criticism mit seiner formalistischen Hervorhebung der Besonderheit des literarischen Texts und den „Worten auf der Seite", der oft bezichtigt wurde ahistorisch zu sein.

Der vorherrschende historisierende Trend in den Literaturwissenschaften (der durch den New Criticism kurz ersetzt wurde) sah die Aufgabe des Wissenschaftlers in dem Versuch, die Verbindungen zwischen literarischen Texten und ihrem historischen, biografischen, sozialen und kulturellen Kontext aufzuklären. New Historicism läutete eine „Rückkehr" zum Geschichtsarchiv ein. Diese Rückkehr war jedoch von den Fortschritten in der strukturalistischen und poststrukturalistischen Theorie geprägt. Eine besondere Rolle dabei spielte die Arbeit von Michel Foucault, dessen Untersuchungen der Geschichte von Diskursen wie Wahnsinn und Sexualität einen neuen, theoriebasierten Weg boten, sich in den weiten Gefilden des Archivmaterials zurechtzufinden.

Ein Anhänger des New Historicism würde, von Foucaults historischem Schreiben beeinflusst, Muster von Diskursen in einer Reihe von Texten aufspüren, die aber weniger nach ihrem „literarischen" Gehalt ausgewählt wurden als danach, wie seine **Textualität*** selbst die Zirkulation bestimmter, historisch bedingter Diskurse aufdeckt.

Die Zirkulation eines bestimmten Diskurses zu verfolgen kann wiederum **Machtstrukturen** offenlegen, die in einem gegebenen sozialen Umfeld operieren, aber auch die Wege, auf denen spezifische Formen textlicher und kultureller Aktionen mobilisiert werden können, um solche Machtstrukturen zu unterlaufen.

Ein Ergebnis des New Historicism war es, die Auswahl und Art des Materials zu vergrößern, das Literaturwissenschaftler als „rechtmäßiges" Studiengebiet betrachten, wodurch einige der zuvor akzeptierten Hierarchien zwischen „literarisch" und „nicht-literarisch" zusammenbrachen und damit auch die Grundlagen früherer wissenschaftlicher Verfahrensweisen.

Literaturwissenschaft begann an diesem Punkt in Kultur- und Ideengeschichte abzudriften, ja Kulturanthropologie zu werden. Machtdiskurse können in einem obskuren polemischen Traktat oder einem „unbedeutenden" Bänkellied genauso sichtbar werden, wie in einer „großen" Shakespeare-Tragödie.

New Historicism und kultureller Materialismus

Greenblatts Schriften über das Renaissance-Drama in *Renaissance Self-Fashioning: From More to Shakespeare* (1980) überschneiden sich mit dem Werk von **Alan Sinfield** (geb.1941) und **Jonathan Dollimore** (geb.1948), deren Sammlung *Political Shakespeare: Essays in Cultural Materialism* (1985) auch Greenblatts *Unsichtbare Kugeln* enthält. Die Sammlung zeigt Wege, wie Shakespeares Stücke hinsichtlich der Diskurse und Praktiken von Kolonialismus und Patriarchat verstanden werden können. Im Vorwort bestimmten Sinfield und Dollimore ihr Ziel:

Kultureller Materialismus, der zwar auch in den 1980ern aufkam, ist trotzdem nicht einfach mit New Historicism gleichzusetzen. Einige kulturelle Materialisten waren skeptisch hinsichtlich der Foucaultschen Annahmen im New Historicism: Für sie operieren die Netzwerke der Macht nicht nur auf dem Level von Diskursen, sondern haben auch spezifische materielle, soziale und ökonomische Festlegungen. Diese wurden vom New Historicism meist wegen seiner Konzentration auf die Textualität vernachlässigt.

Die Neubelebung vom materialistischen Historicism entstand in einem marxistischen Umfeld. Sie wird zur Hauptsache mit **Raymond Williams** (1921-1988) verbunden, der in Büchern wie *Marxism and Literature* (1977) und *Problems in Materialism and Culture* (1980) versuchte, die materialistische Methode der Sozialanalyse auf das Gebiet der kulturellen Produktion auszudehnen.

Williams' Werk befasst sich mit verschiedenen Formen der Kulturindustrie und Massenkommunikation, darunter Film und Fernsehen. Seine Schriften waren auch bei den ersten Anfängen der Disziplin Kulturwissenschaften einflussreich, die sich ab der 1970er Jahre nach und nach als interdisziplinäres Studienfach den Weg an die Universitäten bahnte.

Die im Birmingham „Centre for Contemporary Cultural Studies" unter der Leitung von Stuart Hall (1932-2014) entstandene Forschung problematisierte die traditionelle Unterscheidung zwischen „hoher" und „niedriger" Kultur und hinterfragte die Auswirkungen der **Massenkultur** mit einem besonderen Fokus auf Klassen und Bildung.

Feminismus

Eine „zweite Welle“ feministischer Theorie kam auf mit den sozialen Bewegungen der 1960er und florierte gemeinsam mit ihnen. Diese kritische Bewegung konzentrierte sich zunächst auf die Darstellung von weiblichen Erfahrungen in der Literatur, besonders im Roman.

Viele Feministinnen wollten auch das kritische Vermächtnis des Feminismus der „ersten Welle“ wiederbeleben und neu interpretieren. Die erste Welle war stark mit dem Kampf um das Frauenwahlrecht des 19. und frühen 20. Jahrhunderts verbunden, ist aber darauf nicht reduzierbar.

Die ideologischen Ursprünge des Feminismus und der Kampf für die Befreiung der Frau werden oft auf Texte von **Mary Wollstonecraft** (1759-1797), *Eine Verteidigung der Rechte der Frauen* (1792), und **John Stuart Mill** (1806-1873), *Die Hörigkeit der Frau* (1869), zurückgeführt.

Der Einfluss des Feminismus der zweiten Welle äußerte sich in der Literaturwissenschaft vorwiegend in zwei Bereichen:

1. Die phallozentrische (männlich dominierte) Ausrichtung in der Mainstream-Kultur aufzudecken und infrage zu stellen.

2. Die kritische Rehabilitierung der bislang übersehenen weiblichen Schriftsteller und der übersehenen Tradition weiblichen Schreibens.

Kate Milletts (geb. 1934) *Sexus und Herrschaft* (1969) und **Elaine Showalters** (geb. 1941) *A Literature of Their Own: British Women Novelists from Brontë to Lessing* (1977) waren in der anglophonen Literaturtheorie einflussreich, weil sie das Patriarchat angriffen und die Existenz einer alternativen Tradition weiblichen Schreibens verdeutlichten. Millett lieferte eine scharfe Kritik der frauenverachtenden „Sexualpolitik" von vier Schriftstellern des 20. Jahrhunderts: D.H. Lawrence (1885-1930), Henry Miller (1891-1980), Norman Mailer (1923-2007) und Jean Genet (1910-1986).

Die Entwicklungen im europäischen Feminismus wurden maßgeblich durch **Simone de Beauvoirs** (1908-1986) Publikation *Das andere Geschlecht* (1949) geprägt. Dieses bahnbrechende Buch stellt die soziale Konstruktion und Repräsentation von Geschlechterrollen infrage.

Spätere Vertreterinnen wurden Teil der revolutionären Atmosphäre, die sich entzündete an den Ereignissen im Jahr 1968 und an den poststrukturalistischen Unternehmungen mit einer veränderten Konzeption von Subjektivität und Bedeutungszuweisung.

Hélène Cixous (geb. 1937) prägte den Begriff „écriture féminine" („weibliches Schreiben") in „Das Lachen der Medusa" (1976), um ein Schreiben zu bezeichnen, das nicht die Spuren des phallogozentrischen Diskurses trägt. Phallogozentrismus wurde als Produkt von Logozentrismus und Phallozentrismus (bei dem der Phallus für männliche Macht und Beherrschung steht) betrachtet.

Essentieller Unterschied?

Andere Feministinnen, darunter **Monique Wittig** (1935-2003), griffen die Fokussierung auf den Körper als biologisch reduzierend an und argumentierten, dass die Idee der „écriture féminine" sich eines essentialisierenden Universalismus schuldig macht. Essentialismus meint hier die Fokussierung auf die sozialen und psychologischen Faktoren, die die weibliche Erfahrung ausmachen und die als gleich für alle Frauen angenommen werden.

Im Kontrast dazu stellen Relativisten die implizit behauptete Universalität der „Kategorie" Weiblichkeit infrage.

Zum Teil wegen dieser Debatten ist der gegenwärtige Feminismus bei der Vorgehensweise kaum einig. In den 1960ern und 70ern war eine der Hauptdebatten unter den Feministinnen der zweiten Welle, ob es zwischen dem Schreiben von Männern und dem Schreiben von Frauen einen essenziellen Unterschied gibt, der fundamentale Unterschiede zwischen männlicher und weiblicher Erfahrung ausdrücken würde.

Elaine Showalter formulierte das Konzept des „Gynocriticism":

Toril Moi (geb. 1953) antwortete auf Showalter in *Sexual/Textual Politics* (1985) aus ihrer poststrukturalistischen Position heraus und beschuldigte sie des Essentialismus.

Intersektionalität

Viel der feministischen Theorie fand in Überschneidung mit anderen theoretischen Denkrichtungen statt, darunter Psychoanalyse und Marxismus. Die Überschneidung von Geschlechts-, Rassen-, Klassen- und sexueller Identität führte dazu, dass Feministinnen auch essentialistische, undifferenzierte Konstruktionen einer Kategorisierung von Weiblichkeit anzweifelten. Sie verwiesen auf die vielen Unterschiede (von Rasse und Klasse), die es problematisch machen, weibliche Erfahrung als von allen Frauen gleich erlebt zu denken.

Die „Lesbe, Mutter, Kriegerin, Dichterin“ (Selbstbeschreibung) **Audre Lorde** (1934-1992) kritisierte eine beobachtbare weiße Parteilichkeit innerhalb des Feminismus der zweiten Welle. In ihrem Essay *Das Werkzeug des Meisters wird niemals das Haus des Meisters niederreißen* (1984) vertritt sie die Ansicht, dass feministische Versuche, das dominante patriarchische System zu reformieren, dazu führen können, dass weiße Feministinnen unbewusst Elemente der unterdrückenden Logik des herrschenden Systems übernehmen, indem sie von der Annahme einer universellen Subjektivität ausgehen, die vorwiegend mit weiß und heterosexuell gleichgesetzt wird.

Gender Studies

Feminismus der zweiten Welle nahm die Kategorie des (sozialen) Geschlechts (gender) genauer in den Blick. Gender Studies haben eine größere Bandbreite als Feminismus, weil zu ihnen auch Theorien zur Homosexualität sowie die „Queer-Theorie" gehören.

Die Hauptanliegen der Gender Studies sind:

1. Die politische Geschichte der Unterdrückung zu untersuchen, die Gruppen erleiden mussten, die aus dem heteronormativen* Paradigma herausfallen.

2. Die soziale Konstruktion und Repräsentation von Geschlechterrollen zu untersuchen, wobei Literatur eine wichtige Rolle spielt.

Ein Großteil des kritischen Antriebs der Gender Studies stammte aus realen sozialen Kämpfen. Die Stonewall-Unruhen in New Yorks Christopher Street von 1969 waren beispielsweise ein Schlüsselereignis in der Geschichte der Schwulenbewegung.

Die biologische Unterscheidung zwischen dem „männlichen" und „weiblichen" Geschlecht kann nicht einfach auf die Genderkategorien „maskulin" (= männlich) und „feminin" (= weiblich) übertragen werden, weil die mit ihnen verbundenen Verhaltensmerkmale nicht als binäre Opposition existieren.

Wir können uns stattdessen ein Spektrum von als männlich und als weiblich identifizierten Verhaltensweisen vorstellen, die ungleichmäßig zwischen Männern und Frauen verteilt sind. Der Prozess einer solchen Zuordnung ist sozial und historisch bedingt. Durch Transsexualität wird die binäre Logik auch noch auf der biologischen Ebene destabilisiert.

Die Theoretisierung von Geschlecht schuf eine Schwierigkeit für den Feminismus, denn: Wenn Geschlecht als instabile und konstruierte Kategorie verstanden wird, wer konstituiert dann das Subjekt des Feminismus?

In der feministischen Theorie diskutierte Erkenntnisse über das Geschlecht nahmen einen eigenständigen Charakter an (Gender Studies), als lesbische Theoretikerinnen den sogenannten „heteronormativen Essentialismus" einiger feministischer DenkerInnen angriffen. Das war der Beginn einer radikalen feministischen Denkrichtung: Lesbischer Separatismus, der Anspruch auf eine vollständige weibliche Unabhängigkeit erhob und maskuline Ausbeutung ablehnte.

Sexualität und der politische Umgang öffnete ein Feld interpretativer Möglichkeiten, die zwar unterschiedlich, aber noch immer auf Feminismus bezogen waren.

Gayle Rubin (geb. 1949)

Schlüsselfiguren der Schwulen- und Lesbenforschung

Guy Hocquengham (1946-1988) theoretisierte die psychologischen Antriebe von Homophobie.

Jeffery Weeks (geb. 1945), ein Historiker und Soziologe, schrieb über Geschlechterverhalten, die Sphäre von Intimität und Homosexualität.

Bonnie Zimmerman (geb. 1947) prüfte essentialistische Konstruktionen der weiblichen Identität mit Schwerpunkt auf Rasse, Klasse und besonders Sexualität. Einige ihrer Argumente hat sie in ihrem Essay *What Has Never Been: An Overview of Lesbian Feminist Literary Criticism* (1981) dargelegt.

Adrienne Rich (1929-2012), eine amerikanische Dichterin, vertrat einen lesbischen Separatismus, der zur Aufkündigung der Loyalität zur männlichen Schwulenbewegung tendierte.

Homosexuelle Identität und kritische Relektüren

Die Artikulation verschiedener Formen von homosexueller Identität kann auf historische Momente zurückverfolgt werden, in denen das öffentliche Ausleben einer schwulen oder lesbischen Identität sozial (und rechtlich) verboten und somit „unsichtbar" gemacht wurde.

Von den 1970ern an schuf das neue theoretische sexuelle Selbstbewusstsein ein neues weites Feld für Relektüren der Werke früherer Denker und Schriftsteller, über deren Sexualität zuvor hinweggesehen, geschwiegen oder die zum Objekt spektakulärer öffentlicher Verfolgung gemacht worden waren. Zum Beispiel war *Quell der Einsamkeit* von **Radclyffe Hall** (1880-1943), ein wichtiger lesbischer Roman des 20. Jahrhunderts, Gegenstand einer heftigen juristischen Schlacht gewesen, als er 1928 erstmals erschien.

Auch die Jahrhundertwende erwies sich als wahre Fundgrube, besonders das Werk von **Walt Whitman** (1819-1892), **Edward Carpenter** (1844-1929), Walter Pater und Oscar Wilde (der für seine sexuelle Orientierung 1895 verfolgt und eingesperrt wurde).

Einige der bekanntesten theoretischen Werke zu Geschlecht und Sexualität innerhalb der Literaturwissenschaften stammen von **Eve Kosofsky Sedgwick** (1950-2009) und **Judith Butler** (geb. 1956). Sedgwick stellte die heteronormative Voreingenommenheit in der Mainstream-Kultur infrage und die Art, wie diese (oft unbewusste) Voreingenommenheit das Lesen von Literatur beeinflusste. Sie studierte die Muster von Homosozialität und männlicher Homophobie im Roman des 19. Jahrhunderts und dem „paranoiden Gothic" Genre in *Between Men: English Literature and Male Homosocial Desire* (1985) und *Epistemology of the Closet* (1990).

Butlers Arbeit kann als Spitze der sozialkonstruktivistischen Sichtweise in der Gender Theorie gesehen werden. Ihr Buch *Das Unbehagen der Geschlechter* (1990) untersucht Geschlecht als eine soziale und kulturelle Inszenierung statt einer angeborenen Komponente der menschlichen Natur.

Indem sie sich kritisch mit der Arbeit früherer Feministen wie Simone de Beauvoir auseinandersetzt, weitet Butler die Kritik an essentialistischen Konstruktionen weiblicher Identität aus und problematisiert die Identität einer „Frau". *Körper von Gewicht* (1993) führte ihr Denken über die Art und Weise, wie Geschlecht durch performative Akte konstituiert wird, weiter.

Butlers Werk liefert eine Kritik von stabilen Identitätskategorien (wie „Frau" oder „Queer") als Basis für eine emanzipatorische Politik.

Indem sie Geschlecht ein performatives Potenzial zuspricht, zeigt Butler einen Weg, auf dem mehrere nicht-essentialistische Verständnisse von Geschlechterrollen wählbare Koalitionen entstehen lassen könnten, die außerhalb des beschränkten Rahmens von maskuliner Dominanz und verpflichtender Heterosexualität stehen.

Postkoloniale Theorie

Postkoloniale Theorie schafft der Literaturtheorie einen politischen Ansatz. Sie entstand aus dem historischen Kontext der Dekolonialisierung und der nationalen Befreiungskämpfe in der „Dritten Welt" nach dem Ende des Zweiten Weltkriegs. Einige der postkolonialen Theorie zugeordnete Schriftsteller nahmen an diesen Kämpfen teil.

Frantz Fanon (1925-1961) wurde in Martinique geboren, zu der Zeit eine französische Kolonie (und heute ein Überseedepartement von Frankreich). Fanon nahm am algerischen Unabhängigkeitskrieg (1954-1962) gegen den französischen Staat teil und schrieb in *Die Verdammten dieser Erde* (1961) eine marxistische Beschreibung der Bedingungen antikolonialer Revolutionen.

Fanon, der auch Psychiater war, schrieb eine polemische Kritik zur Psychologie kolonialer Herrschaft in *Schwarze Haut, weiße Masken* (1952). Es war ebenso eine Studie zur Bildung einer schwarzen Identität unter imperialistischer Unterdrückung wie zugleich eine Kritik an der imperialistischen Weltordnung.

Kann das Werkzeug des Meisters das Haus des Meisters einreißen?

Diese Situation stellt Kolonialvölker vor das politische und strategische Problem, ob man sich die Kultur des Mutterlandes zu eigen machen oder sie vollständig ablehnen sollte, um politische, kulturelle und nationale Autonomie durchzusetzen.

Fanon war zu Beginn von **Aimé Césaires** (1913-2008) Schriften beeinflusst, einem Begründer der **Négritude**- Bewegung: ein separatistisches Feiern schwarzer Kultur in der frankophonen Literatur. Césaire hatte Fanon in Martinique unterrichtet und sein *Über den Kolonialismus* (1950) untersucht den Antagonismus zwischen Kolonialisten und Kolonialisierten.

Das koloniale Projekt sucht sich selbst als eine „zivilisierende Mission" zu rechtfertigen, aber seine Motivationen waren keineswegs großzügig oder edelmütig. Vielmehr ging es dem kolonialen Projekt um ökonomische Ausbeutung, gestützt durch regelmäßige Gewalt.

Kolonialherrschaft spiegelt die Beziehung zwischen Bourgeoisie und Proletariat in der klassischen marxistischen Theorie. Postkoloniale Theorie leitet sich teilweise aus der marxistischen Kritik am Imperialismus und Kolonialismus ab, obwohl sich nicht alle Postkolonialisten auch als Marxisten sehen.

Dass diese ökonomische Beziehung zwischen Metropole und Kolonie auch eine kulturelle Dimension hatte, war einer der Faktoren, die 1966 zur Trikontinentale, der Konferenz der drei Kontinente in Havanna führten. Hier entstand die Zeitschrift *Tricontinental*, welche die Völker Afrikas, Asiens und Lateinamerikas gegen Imperialismus vereinen und das politische Element in der postkolonialen Theorie entwickeln wollte und bis heute in immerhin 87 Ländern gelesen wird.

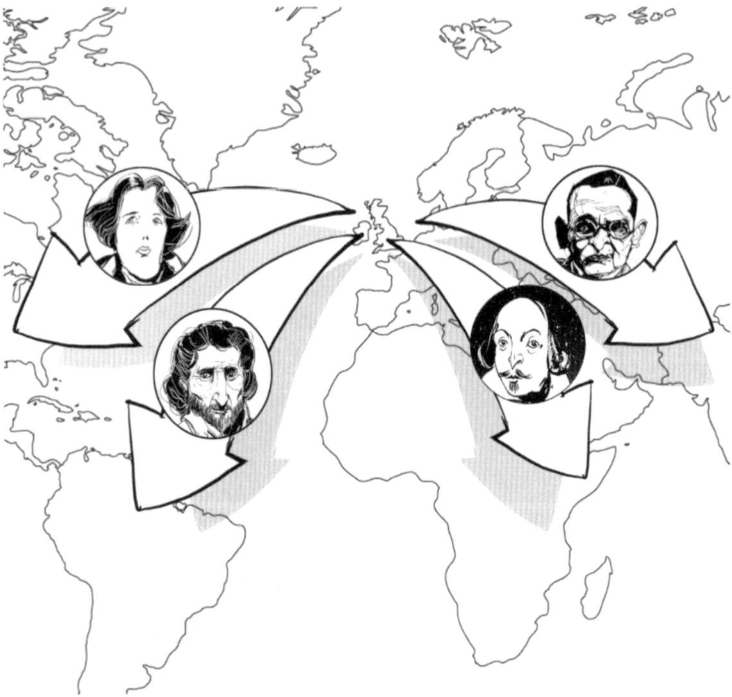

1989 taten sich **Bill Ashcroft** (geb. 1946), **Gareth Griffiths** (geb. 1943) und **Helen Tiffin** (geb. 1945) zusammen, um *The Empire Writes Back* zu schreiben, das die Bedeutung des Postkolonialismus für die Literaturwissenschaft theoretisierte und besonders die Arbeiten von **Lewis Nkosi** (1936-2010), **V.S. Naipaul** (geb. 1932), **Michael Anthony** (geb. 1932), **Timothy Findley** (1930-2002), **Janet Frame** (1924-2004) und **R.K. Narayan** (1906-2001) behandelte.

Die Bedeutung des literarischen Kanons bei der ständigen Perpetuierung der Ausprägung des westlichen kulturellen Imperialismus wurde durch den kenianischen Autor **Ngugi Wa Thiong'o** (geb. 1938) in seinem Essay *On the Abolition of the English Department* (1968) angegriffen.

Der kritische Beitrag der postkolonialistischen Literaturtheorie fällt in drei Hauptbereiche:

1. Die Kritik des Eurozentrismus

2. Die Kritik des Nationalismus (sogar seiner anti-kolonialen Spielarten)

3. Die Theoretisierung des Subalternen* oder Subalternität (s. S. 160).

Bei der Auseinandersetzung mit diesen drei Ideen helfen uns die Arbeiten des palästinensisch-amerikanischen Denkers **Edward Said** (1935-2003) und der in Indien geborenen Theoretiker **Homi K. Bhaba** (geb. 1949) und **Gayatri Chakravorty Spivak** (geb. 1942), die alle einen großen Einfluss auf die Literaturtheorie hatten.

Solche Ansätze waren hilfreiche Beiträge zu einem kritischen Verständnis der kulturellen, politischen und ökonomischen Vermächtnisse von Kolonialismus und Dekolonialisierung.

Orientalismus

Saids *Orientalismus* (1978) wie auch seine spätere Arbeit *Kultur und Imperialismus* (1993), kritisierten die homogenisierenden Bilder, die „den" Osten oder „den Orient" auf Grundlage diskursiver Vorurteile und Stereotypen konstruierten.

Wie Said zeigte, spielten eine Reihe kanonischer Schriftsteller der sogenannten westlichen Tradition, von Alexander Pope bis **Gustave Flaubert** (1821-1880), eine Rolle in diesem Prozess der systematischen Falschdarstellung.

Die Kritik des Orientalismus gehört zu einem größeren Projekt: einem Versuch, Eurozentrismus unvorstellbar zu machen, indem seine hässliche diskursive Geschichte in der westlichen Kultur offengelegt wird. Teilweise von Foucault beeinflusst, war Saids Referenzrahmen nicht nur „literarisch". Er war ebenso ein engagierter Intellektueller in der Öffentlichkeit, in (kritischer) Solidarität mit der palästinensischen Befreiungsbewegung.

Homi K. Bhabas Arbeit über die Idee der Nation baut auf **Benedict Andersons** (1936-2015) Beschreibung der Nation als einer „erfundenen Gemeinschaft" auf. Die Nation ist immer im Prozess der Entstehung und Umgestaltung im Diskurs.

Bhaba ist besonders skeptisch hinsichtlich der Art, wie nationalistische Bewegungen versuchen, ein „einstimmiges" Narritiv von Nation (in der alle Bürger vom selben Notenblatt singen) zu erzwingen und zu institutionalisieren und dabei wirkliche Multiplizität und Diversität einer Nation ersticken. Sein Fokus auf das Konzept der „Hybridität" ist wichtig, um den fließenden Zustand nationaler Identität auszudrücken.

Spivaks Essay *Can the Subaltern Speak? Speculations on Widow Sacrifice* (1988) dreht sich um die Frage, ob und wie marginalisierte kolonialisierte Völker – Fanons „Verdammte dieser Erde" – in der Lage sind, eine Stimme zu finden, die wirklich unabhängig von der Geschichte der Unterdrückung ist. Die Bedingung der Subalternität bezeichnet für Spivak die Unartikuliertheit, die durch herrschende Strukturen und die Gesellschaft des Kolonialstaats produziert werden und die Möglichkeit der Selbstdarstellung unterbinden.

Spivaks Theoretisierung der Subalternität läuft zusammen mit der Kritik des antikolonialen Nationalismus, weil die kulturellen Praktiken der mit solchen Bewegungen verbundenen Künstler und postkolonialen Intellektuellen dazu tendierte, das Aufkommen subalterner Stimmen auszuschließen.

Ecocriticism

Der Konsens in der Wissenschaft, dass der Planet wegen Kohlenstoffemissionen mit einem katastrophalen Wandel von Gesellschaft und Umwelt konfrontiert ist, hatte auch Konsequenzen für die Human- und Geisteswissenschaften in den letzten 30 Jahren. In der Literaturwissenschaft kam es zu einer Rückbesinnung auf die kritische Tradition, bei der den ökologischen Aspekten des Denkens vieler Schriftsteller neue Aufmerksamkeit entgegengebracht wurde.

Besonderes Augenmerk erhielten Schriften von Naturhistorikern, wie **Henry David Thoreau** (1817-1862) und **Richard Jefferies** (1848-1887). **Lawrence Buell** (geb. 1939) forderte in *The Environmental Imagination: Thoreau, Nature Writing and the Formation of American Culture* (1995) eine dringende Neubewertung der Beziehung zwischen Menschheit und Natur auf der Grundlage seiner Lektüre (close reading) von Thoreau.

Kehren wir zu Shelleys *Eine Verteidigung der Poesie* zurück. Elemente seiner Verteidigung der poetischen Fantasie waren eng mit der Verehrung der Natur verbunden.

Als Antwortet auf zeitgenössische wissenschaftliche Fortschritte formulierte Shelley, dass die Möglichkeiten menschlicher Selbstrealisierung und ihres Aufblühens von einer harmonischen statt einer ausbeuterischen Beziehung zur Natur abhängen. Es gehörte für ihn stillschweigend dazu, dass es bei einem Studium der Poetik um viel mehr geht als etwa nur die formalen Belange der Prosodie.

William H. Rueckert (geb. 1926) prägte den Begriff „Ecocriticism" in seinem Essay *Literature and Ecology: An Experiment in Ecocriticism* von 1978. Das Nachdenken über die Verbindung von Literatur und Ökologie setzte den Schwerpunkt wieder auf die materielle Welt im Gegensatz zum poststrukturalistischen Trend der Textualität. „Ecocritics" wenden sich dem Spezifischen von Ort und Region in der Literatur und dem Schreiben über Natur zu.

Die Verbreitung von Ecocriticism in den 1990ern ging einher mit dem Aufkommen von Umweltpolitik in den 1970ern und der Gründung von grünen und ökologischen Parteien. So spiegeln Spannungen innerhalb des Ecocriticism auch Spaltungen innerhalb der größeren ökologischen Bewegung: Manche kritisieren eine anthropozentrische Schieflage in der vorherrschenden Kritikkultur und der Gesellschaft. Sie versuchen die Abläufe deutlich zu machen, wie der menschliche Konsum über die Bedürfnisse des Planeten gestellt wird.

Ecocriticism führte in der Literaturwissenschaft zu einer Wiederbeschäftigung mit romantischer Theorie, besonders mit den Werken von William Wordsworth und John Clare. **Jonathan Bate** (geb. 1958) definierte in *Romantic Ecology: Wordsworth and the Environmental Imagination* (1991) die „ecopoetics" der romantischen Dichter als unpolitisch …

Das schlägt in die gleiche Kerbe wie einige Umweltaktivisten, die behaupten, dass die grüne Bewegung die ideologischen Trennungen des 20. Jahrhunderts überbrückt, weil so etwas wie der Klimawandel die menschliche Art als Gesamtes betrifft, egal welcher politischer Einstellung man ist.

Diese Position ist allerdings problematisch, weil sie Ecocriticism den Status einer zeitgemäßen *politischen* Theorie mit einer klaren ethischen Agenda abspricht.

Karl Kroebers (1926-2009) *Ecological Literary Criticism: Romantic Imagining and the Biology of the Mind* (1994) ist ebenfalls eine Relektüre englischer romantischer Dichter, die veranschaulicht, wie traditionelle Theorien das Vorhandensein eines proto-ökologischen Standpunkts in den Arbeiten der Romantiker vernachlässigt haben.

Kroeber schrieb über seine Relektüre von Wordsworth's Gedicht **Nutting** (1798) und konstatierte eine Tendenz in der Wissenschaft, die innige Verbindung des Gedichts zur Natur zu ignorieren und stattdessen psychologische Interpretationen vor den im Gedicht wörtlich beschriebenen Tatsachen zu bevorzugen.

Ecocriticism impliziert keine bestimmte Methode, Literatur zu lesen. Das erklärt den fehlenden Konsens darüber, wie diese theoretische Richtung zu beschreiben ist, die manchmal auch als „grüne Kulturstudien" oder „ecopoetics" bezeichnet wird.

Was Ecocriticism zusammenhält, ist ein gemeinsamer Fokus auf Fragen wie:

- Die Beziehung zwischen Mensch und Natur
- Regionaler Bezug
- Bewahrung der Umwelt

Lawrence Buell schlägt eine nützliche Charakterisierung in der Beschreibung seines Buches *The Environmental Imagination* (1995) vor:

Abschließende Bemerkungen

Die hier behandelten Ideen und Theoretiker bieten nur Miniaturansichten der langen Geschichte der Literaturwissenschaft und Theorie. Wenn diese Darstellung problematisch war, dann weil es das ganze Thema von beachtlicher ästhetischer, politischer und philosophischer Bedeutung ist.

Literaturwissenschaft wird vermutlich als kritische Aktivität weiterbestehen, solange Bücher geschrieben oder Werke produziert werden, die wenigstens einige für „Literatur" halten. Im 21. Jahrhundert wird die Beziehung zwischen „digitaler" und „materieller" Kultur und ihre Wirkung auf Lesegewohnheiten zu einer wichtigen Frage für Literaturwissenschaftler.

Das letzte Wort hat Shelley, der uns erinnert, dass Schreiben und Lesen von Literatur und Dichtung beiträgt zu:

Weiterführende Lektüre

Baßler, Moritz (Hg.): *New Historicism: Literaturgeschichte als Poetik der Kultur.* Fischer. Frankfurt 1995.

Bovenschen, Silvia: *Die imaginierte Weiblichkeit: Exemplarische Untersuchungen zu kulturgeschichtlichen und literarischen Präsentationsformen des Weiblichen.* Suhrkamp. Berlin 1979.

Castro Varela, M.; Dhawan, N.: *Postkoloniale Theorie: Eine kritische Einführung*. Transcipt. Bielefeld 2.Aufl. 2015.

De Saussure, Ferdinand: *Grundfragen der allgemeinen Sprachwissenschaft.* Reclam. Stuttgart 2016.

Eagleton, Terry: Einführung in die Literaturtheorie. J.B. Metzler. 5. Aufl. Stuttgart 2012.

-, Marxism and Literary Criticism. Methuen. London 1976.

Foucault, Michel: *Die Ordnung des Diskurses.* Fischer. Frankfurt 1991

Greenblatt, Stephen: *Was ist Literaturgeschichte?* Suhrkamp. Berlin 2000.

Hiebel, Hans H.: *Interpretieren. Eine Einführung in die literarische Hermeneutik*. Königshausen & Neumann. Würzburg 2017.

Lindhoff, Lena: *Einführung in die feministische Literaturtheorie.* Springer, Sammlung Metzler. Stuttgart 2003.

Moretti, Franco: *Literatur im Labor.* Konstanz University Press. Konstanz 2017.

Richards, I.A.: *Prinzipien der Literaturkritik*. Suhrkamp. Berlin 1985.

Stiegler, Bernd: *Theorien der Literatur- und Kulturwissenschaften*. UTB Schöningh. Paderborn 2015.

Zu den Autoren:

Owen Holland promovierte im Jahr 2015. Er studierte in der englischen Fakultät der Universität Cambridge, wo er auch Seminare in Literaturwissenschaft hielt. Veröffentlichungen in verschiedenen Fachzeitschriften.

Piero (Pierini): Illustrator, Künstler und Grafik-Designer. Er hat u. a. viele Titel der Infocomic-Reihe illustriert. www.piero-pierini.blogspot.com. Auf Facebook unter: Piero Pierini's Drawings.

Glossar

Allusion: Ein indirekter Verweis, meist auf ein anderes literarisches Werk, auf ein spezielles Zitat, eine bestimmte Person oder ein Ereignis. Die Verwendung von Allusionen setzen gemeinsames Wissen von Autor und Leser voraus.

Ästhetik: Das, was Schönheit und das Verständnis von Schönheit betrifft.

Ästhetizismus: Eine literarische Bewegung an der Wende zum 20. Jahrhundert, deren Anhänger die Wichtigkeit der künstlerischen Unabhängigkeit von sozialen und moralischen Belangen postulierten und die den Wert des Schönen als Selbstzweck verteidigten.

Ballade: Ältere poetische Form, ein längeres erzählendes Gedicht. Das Material entstammt häufig der kulturellen Gemeinschaft, Legende oder Folklore.

Dialektik: Lehre von der Einheit des Widerspruchs. ein Prozess des logischen Streitgesprächs mit dem Versuch, die Wahrheit aus gegensätzlichen Bedingungen oder Begriffen herzustellen; eine philosophische Methode scheinbare Widersprüche aufzulösen, die in der westlichen Philosophie seit Platon einflussreich war.

Diskurs: In Foucaults Terminologie das vorherrschende Verständnis von Wirklichkeit und auch die Produktion von Wirklichkeit: die Prozesse, durch die Realität hergestellt wird, zusammen mit sozialen Praktiken, Arten der Subjektivität und Machtbeziehungen. Im Diskurs treffen sich Wissen und Macht.

Dithyrambos: Eine griechische chorische Hymne über die Abenteuer von Dionysos, Gott des Weins und der Fruchtbarkeit. Dithyrambisch hat eine allgemeinere Bedeutung von „wildem" Lied oder Vers.

Enkomion: Lob- und Preisgedicht an Menschen gerichtet (Dasselbe für Götter: Hymnos).

Essay: Ein Genre, für gewöhnlich kurz und in Prosa, das auch oft in der Literaturwissenschaft verwendet wird. Anspruchsvolle, geistreiche Abhandlung zu einem bestimmten Thema. Abgeleitet von dem französischen Verb „essayer" (versuchen). Das Wort wurde durch den französischen Schriftsteller Michel de Montaigne (1533-1592) mit seinen Essays (1580) geprägt.

Hermeneutik: Theorie der Interpretation und des Verstehens (von Texten), zunächst bezogen auf die Bibel dann auch auf literarische Texte.

Heroische Verse: eine Form der englischen Dichtung, die aus sich im Paar reimenden Zehnsilbern besteht, für gewöhnlich im jambischen Pentameter geschrieben.

Heteronormativität: eine Sichtweise auf Sexualität, die fälschlicherweise heterosexuelle Orientierung zur Norm erhebt.

Humanismus: eine philosophische Sichtweise, die sich von Gott abwendend auf menschliche Belange konzentriert. Humanisten sehen Menschen als rationale, verantwortungsvolle und entwicklungsfähige Wesen.

Kanon: *Bezogen auf einen Autor*: die Werke, die als von ihm geschrieben anerkannt sind; der Begriff bezieht sich häufig auf autorisierte (oder kanonisierte) religiöse Schriften. *In weiterem Sinn:* Eine Anzahl von Werken, die als besonders einflussreich oder wichtig beurteilt werden. Es gibt die Meinung, dass Universitäten eine große Rolle dabei spielen, was als literarischer Kanon angesehen wird. Aber die genaue Abgrenzung eines solchen Kanons wird immer strittig bleiben.

Klassik: bezieht sich auf den Stil, Konventionen, Themen und Moden klassischer Autoren sowie ihr Einfluss auf spätere Autoren. Klassik in der römischen Antike meinte auf die Griechen zu schauen. In Frankreich und England des 17. und 18. Jahrhunderts konnte sich Klassik sowohl auf griechische als auch römische Autoren beziehen.

Metapher: Benennung oder deskriptiven Phrase eines Objektes im assoziierbaren bildlichem statt wörtlichem Sinn. Zum Beispiel das „weindunkle Meer" in Homers Odyssee.

Mimesis: Aus dem Griechischen für „Nachahmung" (wie in „mimen"), was auch literarische Darstellung umfasst.

Neoklassizismus: Eine literarische oder künstlerische Bewegung, die eine Wiederbelebung klassischer Stile und Formen anstrebte. In England geschah dies grob zwischen 1660 und 1780 (In Deutschland die Epoche des **Klassizismus**).

Objektivismus: Eine philosophische Position nach der der Kosmos durch kausale Gesetze bestimmt wird, die objektiv durch Beobachtung beschrieben werden können unabhängig von der Person des Beobachters. Menschliche Handlungen seien nicht frei, weil sie durch diese externen Gesetze determiniert sind.

Oeuvre: Die Werke eines Autors oder Künstlers zusammengenommen oder als Ganzes betrachtet.

Phänomenologie: Nach Hegel die philosophische Untersuchung der Strukturen von Erfahrung und Bewusstsein.

Relativismus: Alle Wahrheiten bauen sich in Relation auf andere Wahrheiten auf. Folglich gibt es keine absolut sichere Erkenntnis und schon gar keine absolut gültigen ethischen Werte.

Subaltern: In postkolonialer Theorie bezieht sich dieses Konzept auf soziale Gruppen, die von der hegemonialen Machtstruktur der Kolonie und Metropole ausgeschlossen sind.

Subjektivismus: Eine philosophische Position, die menschliche Freiheit von äußerer Determination postuliert und dabei die aktive Rolle des Bewusstseins (Subjektivität) bei der Generierung phänomenalen Welt (Welt der Erscheinungen) betont.

Teleologie: Die Begründung von Phänomenen als eine sich mit ihnen durchsetzende Absicht oder Zweckorientierung.

Textualität: Interpretation, die durch strenge Konzentration auf den Text gekennzeichnet ist; zugleich geschriebene im Unterschied zu gesprochener Sprache.

Index